IMPRESSUM

REDAKTIONELLE LEITUNG	Matthias Brügelmann
AUTOR	Helmut Uhl
ART DIRECTION	Erwin Klein | Kontor 11
CHEF VOM DIENST	Jörg Schulz
TITELGESTALTUNG	Hans-Werner Vogt
REDAKTION	Tobias Holtkamp
	Michael Makus
	Achim Schlang
FOTOREDAKTION	Wiebke Eichhorst
	Jutta Jagow
	Yorick Schmidt
	Christian Spreitz
LAYOUT	Felix Bittmann
	Sabine Möhle
	Sandra Revenstorf
	Ulrich Wünsche
SCHLUSSREDAKTION	Thomas Kosinar
PROJEKTLEITUNG WELTBILD	Gerald Fiebig
REPRO	t.b.repro, Hamburg
DRUCK	MOHN Media
	Mohndruck GmbH

Gedruckt auf chlorfrei gebleichtem Papier

Printed in Germany

ISBN 978-3-89897-598-8

Steinerne Furt 67
86167 Augsburg
und
Axel Springer AG
Axel-Springer-Platz 1
20350 Hamburg
2. Auflage 2006

Helmut Uhl

König Schumi

Sein Leben Seine Siege Seine Tränen

Weltbild

Liebe Leser,

einer der größten deutschen Sportler aller Zeiten hat seine Karriere beendet: Rekord-Weltmeister Michael Schumacher. 16 Jahre lang prägte er die Formel 1. Immer wieder sonntags war König Schumi zu Gast in Millionen deutscher Wohnzimmer.

Was verbinden Sie mit Michael Schumacher? Seinen Ehrgeiz, seine Besessenheit, seine Siege? Oder seine Skandale auf der Strecke? Sein glückliches Familienleben mit Corinna und den Kindern? Oder den ewigen Bruder-Zoff mit Ralf?

In diesem Buch finden Sie das alles – und noch viel mehr. Mit den besten Fotos natürlich, wie Sie es von BILD gewohnt sind.

BILD-Reporter Helmut Uhl mit Michael Schumacher 1991 (oben) und vor dessem letzten Formel-1-Rennen in Brasilien

Der Autor dieses Buches steht für Qualität. BILD-Reporter Helmut Uhl hat Michael Schumacher von Anfang an begleitet. Bei den Rennen, aber auch im Privatleben. Hart, aber fair – so hat Uhl über Schumi berichtet. Er hat sich nie eingereiht bei den zahlreichen Schumi-Schulterklopfern. Das hat ihm in der Szene großen Respekt eingebracht – auch bei Schumacher. Keiner kann mehr über Schumi erzählen als Helmut Uhl mit seinem gewaltigen Insider-Wissen. Sie werden staunen …

Viel Vergnügen

Matthias Brügelmann
BILD-Sportchef

vodafone
PIAGGIO AERO
Schuberth

vodafone

1
OMP

INHALT

VORWORT 3

EIN JUNGE, EIN TRAUM 12
Wie alles anfing. Vom ersten Pokal mit fünf bis zum Einstieg in die Formel 1

16 JAHRE, 16 GESICHTER 20

1991 DER ANFÄNGER 22
Seine ersten sechs Rennen. Aber schon beim zweiten wechselt er das Team

1992 DER SIEGER 30
Dort, wo seine Formel-1-Karriere begann, feiert er auch seinen 1. Sieg: in Spa

1993 DER FRUSTRIERTE 36
Auf dem steilen Weg nach oben stagniert plötzlich alles. Es geht ihm zu langsam

1994 DER WELTMEISTER 42
Skandale und Siege. Nur zwölf von 16 Rennen werden gewertet. Es reicht trotzdem

1995 DER GEFEIERTE 52
Er setzt sich gegen Hill im stärkeren Williams klar durch. 2. Titel – und Hochzeit

1996 DER RATLOSE 60
Erstes Jahr im Ferrari. Drei Siege, aber viele Ausfälle. Und noch mehr Probleme

1997 DER BRUTALE 66
Der Rammstoß gegen Villeneuve im WM-Finale von Jerez kratzt am Image

1998 DER WÜTENDE 74
Die Gischt-Blockade von Coulthard und das Dreirad von Spa – ein Gesicht wie nie

1999 DER TAPFERE 82
Der Silverstone-Unfall mit Beinbrüchen und das Rätselraten um sein Comeback

2000 DER ERLÖSER 88
Im fünften Ferrari-Jahr endlich der lang ersehnte Titel. Ganz Italien jubelt

2001 DER MUTIGE 96
Vier schwere Unfälle, die Indy-Trauer und trotzdem die souveräne Titelverteidigung

2002 DER DOMINATOR 104
Die Schande-Rennen von Zeltweg und Indianapolis beflecken die Dominanz

2003 DER EISKALTE 112
Feuer an der Box. Der Tod der Mutter. Die Schieber vom Nürburgring. Der 6. Titel

2004 DER KÖNIG 120
Wieder schwerer Test-Unfall. Unbeirrt schraubt er den Saisonrekord auf 13 Siege

2005 DER EINSAME 126
Bruder-Krieg mit Ralf. Indy-Rennen mit nur sechs Autos. Alonso neuer Champion

2006 DIE LEGENDE 134
Skandal in Monaco. Aufholjagd gegen Alonso. Rücktritt als Vize-Weltmeister

INHALT

MS UND SEINE PS 146
Sein Leben waren Autos. Vom Kart bis zum Ferrari – was er über alle zu sagen hat

DIE RIVALEN 150
Von Damon Hill bis Fernando Alonso. Was die Weltmeister über ihn denken

FANTASTISCH 152
Millionen von Fans aus aller Welt lassen sich die verrücktesten Verkleidungen einfallen

ZITATE 158
Interessant, was Michael Schumacher in all den Jahren gesagt hat. Über Politik, Geld, Tod

SEINE TRAUMFRAU 160
Corinna hat ihm zwei Kinder und unendlich viel Liebe und Verständnis geschenkt

„HÄSTE JOT JEMAAT, JONG" 166
Sein Vater war immer sehr streng mit Michael. Heute ist er sehr stolz auf seine Söhne

DER GROSSE UND DER KLEINE 170
Die schnellsten Brüder der Welt. Warum der Graben zwischen den beiden so tief wurde

AUGENBLICKE – WILLI WEBER 178
Seit 1988 lenkt Willi Weber die Geschicke des Rekord-Weltmeisters. Er erinnert sich

SEIN ENGSTER KREIS 182
Es gibt nur wenige Menschen, die der Star ganz nah an sich ran lässt. Hier sind sie

SO DENKEN ANDERE 186
Nur wenige Journalisten haben alle seine Rennen begleitet. Sechs erzählen ihre Geschichte

EIN MANN FÜR JEDEN SPORT 188
Was er auch anpackt, es klappt und macht Spaß. Vom Felsklettern bis zum Fallschirmspringen

DER VERDIENT'S 194
Vom Kfz-Lehrling bis zur Weltmarke. Er gehört zu den reichsten Sportlern der Welt. Sein Geld

DER MACHER & SEINE MODE 196
Ein Blick in seinen Kleiderschrank – er kann sich auch auf dem Laufsteg sehen lassen

FERRÜCKT 198
Es gibt viele verrückte Storys um und über ihn. Lesen Sie mal die sieben abgedrehtesten

SCHUMI IN STENO 200
Sein Leben im Kurzporträt. Vom ersten Pokal bis zum Geburtstag seiner Kinder

ZAHLENSPIELEREI 202
Verrückte Zahlen einer Karriere. Von Rennkilometern, Benzin, Reifen und Nudelverbrauch

STATISTIK 204
Das Ultimative. Seine Rennen, seine Rekorde

Ein Junge, ein Traum

Er war 16 – und sie von Anfang an dabei. Die Sehnsucht, der beste Rennfahrer der Welt zu werden. Sie ging in Erfüllung

Klein-Michael trägt schon mit sechs auf der Lederjacke das Abzeichen von Graf Berghe von Trips, dem legendären Rennfahrer. Schon mit fünf gewann er seinen ersten Pokal (r.), später waren ihm die vielen Siege fast peinlich

Ob Michael Schumacher am 10. September 2006, als er in Monza seinen Rücktritt von der Formel 1 bekannt gab, an jenen Laternenpfahl dachte, an dem seine einmalige Karriere begann? Vermutlich nicht.

Der Laternenpfahl steht noch.

Michael ist gerade vier. Papa Rolf wackelt mit seinem Sohn und dem weiß-roten Kettcar auf einen öffentlichen Parkplatz in Kerpen-Manheim. Rolf Schumacher prüft ein letztes Mal den ordentlichen Sitz und die Funktion des eigenhändig eingebauten 5-PS-Mofamotors, setzt Klein Michael rein und gibt ihm einen Klaps: „Komm, Jung, probier mal." Der „Jung" probiert. Hat Riesenspaß, gibt Gas – und landet an einem Laternenpfahl. Papa Rolf: „Zuerst gab's was hinter die Ohren. Aber es war auch meine Schuld. Ich hätte mit ihm gar nicht auf den Parkplatz gehen müssen. Schließlich hatten wir eine Kartbahn vor der Haustür."

Rolf Schumacher war schließlich sogar der Betreiber, Mutter Elisabeth kümmerte sich um die Gastronomie. Und Klein Michael raste fortan in jeder freien Minute um die Kartbahn. Mit fünf das erste Siegerstrahlen in seinen grün-braunen Augen. „Es war ein großer, blank polierter Autokolben auf ein Stück Holz geschraubt. Ich, als Sieger, stand als Knirps zwischen lauter 13- und 14-Jährigen." Solche Momente vergisst man nicht.

Immer in Führung. Michael driftet im Kart als Erster in die Kurve

Mit fünf der erste Siegerpokal. Mit acht schon der erste Kuss. Dazwischen Vollgas. „Wir hatten doch kein Geld. Also haben wir die alten, abgefahrenen Schlappen meiner Gegner aus dem Müll gefischt und sie verwendet. Aber es hat Spaß gemacht."

„Ich hatte nur drei Hosen im Schrank"

Fünf Mark Taschengeld hat Michael die Woche bekommen. „Fürs Saubermachen der Bahn und Schraubenputzen. Ich hab mir eine Tischtennisplatte zusammengespart."

Ja, ja, das liebe Geld war wirklich knapp bei den Schumachers. „Ich erinnere mich noch genau an meine Schulzeit. Ich hatte genau drei Hosen im Schrank hängen. Meine Mitschüler dagegen waren immer schick angezogen. Mein Vater sagte, wenn ich etwas anderes zum Anziehen wolle, dann müsse ich mir das selber verdienen."

Kein Geld auf dem Konto, dafür immer mehr Siege. Auch ein Armbruch mit zehn Jahren kann ihn nicht stoppen. Dafür die schlechten Geschäfte auf der Kartbahn. Die Schumachers müssen das Kart von Michael verkaufen. Karriere gebremst? Nein. Das Schicksal schickt zwei rennbegeisterte Männer. Gerd Noack, Teppich- und Tapetenhändler. Und Jürgen Dilk, Spielautomaten-Kaufmann.

Gerd Noack kauft Michaels Kart und stellt es ihm wieder zur Verfügung. Er verhilft Michael mit einem Trick zu seinen ersten offiziellen Rennen. „In Deutschland durfte man erst mit 14 an Rennen teilnehmen. In Luxemburg schon mit zwölf. Also ist Michael ein Jahr lang als Renn-Luxemburger um die Strecken gerast."

Es ist 1981. Und es kommt zum ersten Zusammentreffen mit Ayrton Senna.

Gerd Noack und Michael fahren ins belgische Nivelles. Es gibt bei diesem Rennen nur zwei Jungs, die ein

Letzte Tipps vom großen Bruder. Michael, mit freiem Oberkörper und ölverschmierten Händen, schickt Ralf ins Rennen

Happy family. Die Schumachers eine Woche vor dem GP-Debüt von Michael im August 1991

Ziel haben: Siegen um jeden Preis. Beide haben unbändigen Willen und unbeschreibliches Talent. Es sind Michael Schumacher und Ayrton Senna da Silva. Keiner konnte ahnen, dass diese beiden einmal in die Rennsport-Geschichte eingehen sollten.

Zwei Jahre nach dieser ersten schicksalhaften Begegnung hat Klein Schumi erneut Albträume. Gerd Noack steigt aus. „Ich hatte kein Geld mehr, ihn zu unterstützen."

Das Glück bleibt Michael hold. Jürgen Dilk, ein Automaten-Kaufmann aus Alsdorf, der Michael schon mit sechs auf der Kartbahn kennengelernt hatte, bietet Hilfe an. Er bettelt Sponsorengelder von Kfz-Werkstätten, Autohäusern und Metzgereien zusammen. Michael legt einen Gang zu. Mit 15 Deutscher Kartmeister der Junioren. Mit 16 Junioren-Vizeweltmeister. Mit 18 Europameister.

Jürgen Dilk ist es auch, der den Sprung vom Kart in ein richtiges Rennauto ermöglicht. Wieder mit Beziehungen, wieder mit viel Zeitauf-

Elisabeth Schumacher († 2003) mit Ralf und Michael vor ihrer Gaststätte an der Kerpener Kartbahn. Mamas Schnitzel waren die Besten

wand. „Geld hatte ich doch selbst nicht genug“, sagt Dilk.

Es ist 1987. Michaels Mechaniker Peter Sieber wird von Dilk gedrängt, Kontakte zum Eufra-Team in der Formel Ford aufzunehmen. Tatsächlich wird Michael zu Testfahrten an den Hockenheimring eingeladen.

„Es war sechs. Es war halb sieben. Wenn er nicht kommt ... Ich habe gezittert und gebetet.“

Lassen wir Michael selbst erzählen: „Ich werde diese eine Nacht vor den Testfahrten nie vergessen. Meine Eltern hatten kein Geld und kein Auto, mich dorthin zu fahren. Ich konnte nicht schlafen. Solch eine Gelegenheit – und ich kann nicht hin. Nachts um ein Uhr erreichte ich endlich Herrn Dilk. Er versprach mir, mich früh abzuholen und hinzufahren. Um vier Uhr war ich wieder wach. Die Aufregung. Es war sechs. Es war halb sieben. Wenn er nicht kommt... Ich habe gezittert und gebetet. Hoffentlich. Hoffentlich. Ich bin fast verrückt geworden.“

Jürgen Dilk hat Michael an jenem Morgen abgeholt. Michael Schumacher hat 20 Runden gedreht – und einen Vertrag für die restlichen vier Rennen in der Tasche. Diese vier Rennen reichen, um noch Vizemeister zu werden. Sein Renn-Doping damals – der „Playboy“! Freunde hatten Michael vor den Starts ein Heft unter die Nase gehalten und ihn angestachelt: „Wenn du gewinnst, kannst du dir eine aussuchen.“ Nach dem Sieg hat er frech gefragt: „Na, wo ist sie denn?“ Sie haben die Seite aus dem „Playboy“ gerissen und sie ihm geschenkt ...

Michael lacht und rast mit Vollgas weiter. Mit Vollgas und Schmerzen. 1988. Stolz sitzt er in der kleinsten Formelklasse, der Formel König. Und wieder kennt er nur ein Ziel: Siegen. Dieses Siegen hat sich so in sein Hirn gebrannt, dass er alles um sich herum vergisst. Dass er nicht nur die Gegner besiegt, sondern auch wahnsinnige Schmerzen.

Einmal steigt er bei einem Rennen in der Formel König aus und ist voller Blut. Die rechte Hand ist halb

Erst Benzin, dann Freundschaft im Blut. Heribert Füngeling war auch Schrauber bei Michael (oben). Gerd Noack (u.) unterstützte ihn in der Kart - Zeit. Später bei Ralf halfen Michael und Papa kräftig mit (r.)

durchbohrt. Während des Rennens ist ihm der Schalthebel abgebrochen. Michael zieht während des Rennens den Handschuh aus, wickelt ihn um das abgebrochene spitze Eisenrohr und schaltet mit der offenen Fleischwunde weiter. Er gewinnt. Und fährt am Nachmittag mit der verbundenen Hand und der tiefen Fleischwunde das nächste Rennen.

„Wo fahren wir nächste Woche?“

Schon mit 13 hatte sich Michael bei einem Kartrennen einmal die Sehne in der Hand durchgeschnitten, war ausgestiegen, und hat als Erstes gefragt: „Wo fahren wir nächste Woche?“

Die Schmerzen, die Siege, die Opfer – sie sollten nicht umsonst gewesen sein. Noch Ende 1988 ebnete Jürgen Dilk seinem Schützling den nächsten Weg. Es sollte der entscheidende werden. „Ich fragte den Motorsport-Manager Domingos Piedade, wie es mit Michael weitergehen könnte. Er sagte: Kontakt zum WTS-Team aufnehmen.“ Das WTS-Team war Deutschlands erfolgreichster Formel-3-Rennstall – und gehörte Willi Weber. Er setzte auf Michael Schumacher, kaufte das Los Michael Schumacher, investierte in Michael Schumacher. Es gab letztlich viele, die dem jungen Talent auf seinem Weg gehofen haben. Man kann sie gar nicht alle aufzählen.

Zurück zur Hauptperson. Michael Schumacher hatte inzwischen seine

Ganz oben: Küsschen für den Sieger. Michael gewann 1988 im Formel-Ford in Hockenheim, später die Vize-EM. Rechts mit Freund Heribert, Förderer Dilk (mit Mütze) und Bruder Ralf

Die Formel 3. Manager Willi Weber (oben) setzt Michael in sein WTS-Team. 1990 flachst er vor dem Macao-Rennen mit Häkkinen, lässt sich später als Sieger feiern

Lehre als Kfz-Mechaniker beendet. Mehr recht als schlecht. „Im Praktischen war er sehr gut, nur mit der Schule nahm er es nicht so ernst“, so sein Ausbilder Olaf Friedrich. „Er wollte sogar die Prüfung schmeißen, aber wir haben ihm gesagt: ‚Die wird fertig gemacht. Dann hast du wenigstens einen ordentlichen Beruf.‘ Er hat sie auch geschafft. Sogar ein halbes Jahr früher.“ Aber auch während der Lehrzeit (erstes Gehalt 528 DM brutto, später 599,50 DM) hatte Schumi nur eins im Kopf: Rennen fahren und Rundenzeiten. Schumis erster Lehrherr Willi Bergmeister: „Wenn man ihn ins Lager schickte, und er

„Ich glaub‘s nicht: Ich hab sogar noch Geld bekommen.“

sollte fünf Schrauben holen, kam er mit vier zurück. Er hatte nur den Rennsport im Kopf.“

Und im Fuß. Denn Ende 1988 staunt jener Willi Weber nicht schlecht, als er Michael Schumacher bei Testfahrten um den Nürburgring sausen lässt.

„Ich glaub’s nicht. Ich glaub’s nicht“, nuschelt Willi Weber immer wieder in sich hinein. Michael Schumacher glaubt’s auch nicht. „Ich bekam einen Zweijahresvertrag angeboten. Ich musste keinen Sponsor mitbringen, kein Geld mitbringen. Im Gegenteil, ich sollte sogar noch Geld bekommen.“ Das war damals und ist auch heute sehr ungewöhnlich. Michael bekam 2000 Mark im Monat von Willi Weber – und bedankte sich mit großartigen Leistungen.

Die Vollgas-Karriere geht weiter. Gleich bei seinem ersten Formel-3-Rennen landet er auf Rang 3. Mitte der Saison Meisterschaftsführung. In seinem fünften Formel-3-Rennen (in Zeltweg) steht Michael zum ersten Mal ganz oben auf dem Siegerpodi-

Vor dem Start in die Formel-1-Zukunft präsentiert sich Schumi noch einmal mit Pokalen aus der Vergangenheit

um. Das Finale in Hockenheim. Entscheidung zwischen Wendlinger, Frentzen und Schumacher. Es gewinnt – Michael Bartels. Ein heilloses Chaos bricht aus. Völlig verwirrt von den Streichresultaten ruft der Streckensprecher einmal Wendlinger, dann Frentzen, dann Schumacher als neuen Deutschen Meister aus. Zu guter Letzt darf sich Wendlinger über den Titel mit 164 Punkten freuen. Mit einem Zähler dahinter: Frentzen und Schumacher.

„Wenn das so weitergeht, dann fahre ich wieder Kart."

Wendlinger, Frentzen, Schumacher. Das Mercedes-Junior-Team ist geboren. Rennleiter Jochen Neerpasch verpflichtet einfach alle drei der Deutschen Meisterschaft. Schumi ist also ab sofort Werksfahrer für Mercedes in der Gruppe C und gleichzeitig auch im Formel-3-Team von Willi Weber.

Es kommt – wie sollte es anders sein – für Michael Schumacher wieder einmal knüppeldick. Erstes Rennen in Zolder: Pole, Führung, Ausfall. Zweites Rennen Hockenheimring: Pole, Führung, Ausfall. Drittes Rennen Nürburgring: Sein rot-weißer VW-Reynard ist etwas zu leicht – zurück auf den letzten Startplatz. Schumi wollte damals hinschmeißen: „Wenn das so weitergeht, werde ich Ende der Saison wieder Kart fahren."

Er ist sauer. Stocksauer. Aber er kämpft weiter. Und gewinnt fünf der nächsten sechs Rennen. Als Formel-3-Meister gewinnt er auch das prestigeträchtige Rennen in Macao. Michael Schumacher hatte wieder und wieder auf die Zähne gebissen – und sich durchgebissen. Geschenkt wird ihm wirklich nichts.

Auch das Jahr 1991, das die große Wende in seinem Leben bringen sollte, beginnt mit Ärger und Zweifeln. Für einen Spitzenplatz in der Formel 3000 fehlt das Geld. Michael bleibt bei Mercedes und vertraut auf den damaligen Rennsportchef Jochen Neerpasch. Im Gruppe-C-Auto kann er nur drei von acht Rennen beenden. Aber Michael vertraut, wie schon früher, seinem Umfeld. Und plötzlich ist die Chance da.

Michael Schumacher startet 1990 als Favorit in seine zweite Formel-3-Saison – und gewinnt im VW-Reynard

Der Stern geht auf. Jungstar Schumacher, im Juniorenteam mit Wendlinger (rechts), gewinnt mit Altmeister Mass den letzten Lauf der Gruppe-C-WM in Mexiko. Mercedes-Rennsportleiter Neerpasch und Teamchef Sauber (unten) fördern Jung-Schumi

Momentaufnahmen. Michael mit erster Freundin Stefanie 1990 (l.). Ein Jahr später gehört Corinna schon zur Familie (oben, mit Ex-Freund Frentzen)

1991

1992

1993

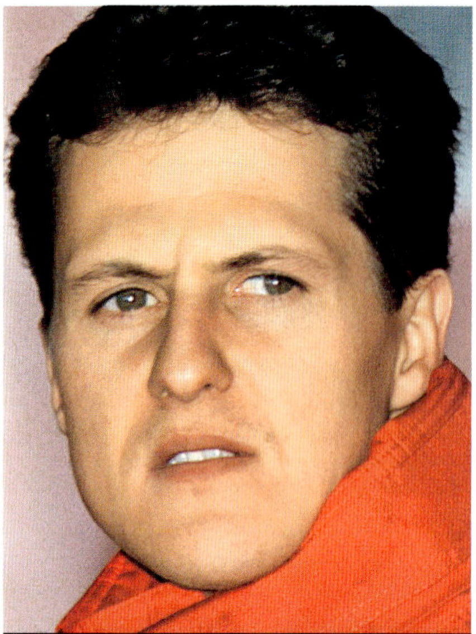
1997

1998

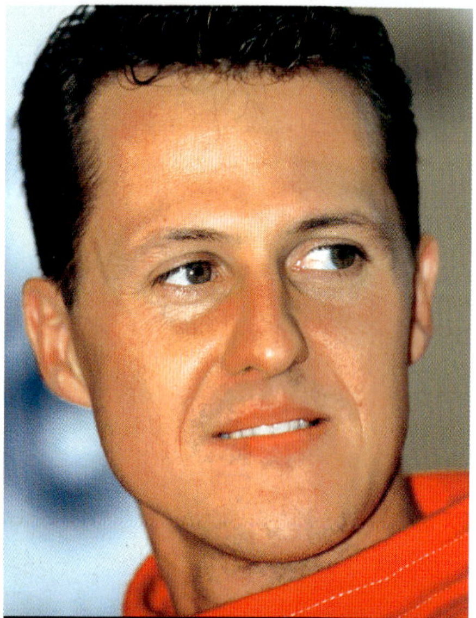
1999

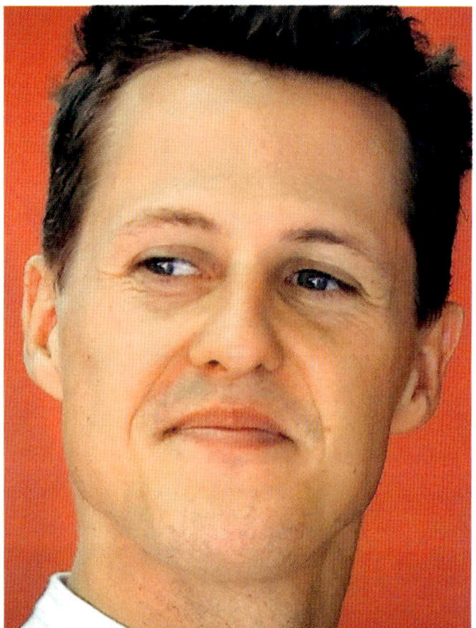
2001

2002

2003

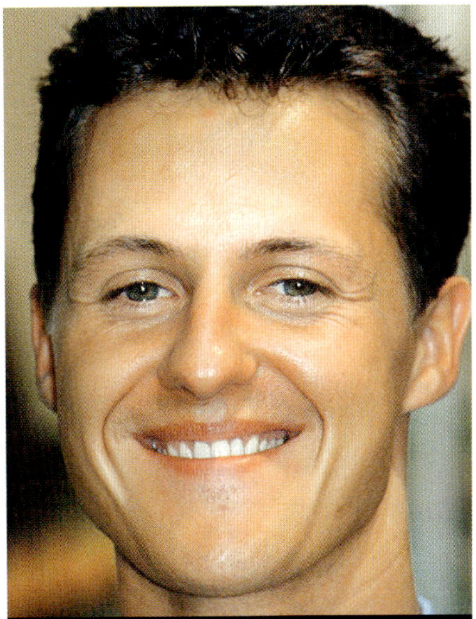

1994

1995

1996

2000

Michael Schumacher
16 Jahre Formel 1

2004

2005

2006

1991

DEKRA
DEKRA
Philips Car Stereo
Philips Car Stereo
M. SCHUMACHER

Der Anfänger

Die Sekunden vor einer Traum-Karriere. Es ist der 25. August 1991 im belgischen Spa. Michael Schumacher konzentriert sich auf sein erstes Formel-1-Rennen im grünen Jordan-Ford

1991

Das Jahr, in dem Schumi in die Formel 1 kommt. Im Golf ist Krieg. Der Ötzi wird gefunden. Rockstar Freddie Mercury stirbt an Aids. Gorbatschow tritt ab

Der Einstieg von Michael Schumacher in die Formel 1 beginnt mit einem Krimi und einem Märchen.

Der Krimi.

In London sprüht der damalige Jordan-Pilot Bertrand Gachot dem Taxifahrer Eric Court im Streit Reizgas ins Gesicht. Und muss dafür ins Gefängnis. Ein Cockpit in der Formel 1 ist frei.

Das Märchen.

Es beginnt, wie Märchen eben beginnen – mit etwas Fantasie. (Wer spricht in einem Märchen schon gern von Lüge?)

Eddie Jordan fragt Schumacher: „Kennst du Spa?"

Michael Schumacher erkennt die Chance seines Lebens. Die schnelle Antwort des schnellen Kerpeners: „Klar." Es war – eine Lüge.

Aber hätte der ehrgeizige junge Schumacher vielleicht die Wahrheit sagen und damit womöglich seinen Formel-1-Start an die Wand setzen sollen? In gewissen Situationen verzeiht selbst der liebe Gott kleine Notlügen. Und, wer weiß, vielleicht wäre an dieser einen Antwort eine einmalige Traum-Karriere gescheitert.

Michael Schumacher, 22 Jahre, hält auf der Fahrt nach Belgien also an, telefoniert mit einem Freund: „Weißt du eigentlich genau, wie man nach Spa kommt?" Der Freund weiß es. Und zwei Tage später weiß die ganze Welt, dass es einen deutschen Rennfahrer Michael Schumacher gibt.

„Ich mach' nichts kaputt. Ich fahr' noch nicht mal am Limit."

Zwischen dem Krimi und dem Märchen (wir sollten dem jungen Rennfahrer die Lüge gegenüber Eddie Jordan ganz offiziell verzeihen) gibt's noch einen Roman. Nämlich den, was alles passiert, wer wie involviert ist, wo welche Gelder hinfließen bis Michael Schumacher tatsächlich in der Formel 1 sitzt. Die Kurzform. Eddie Jordan braucht also einen Ersatz für Gachot. Willi Weber, der den jungen Michael Schumacher seit '88 managt, und Mercedes-Rennleiter Jochen Neerpasch, auch für das Juniorenprogramm verantwortlich, zu dem Schumacher gehört, kommt das zu Ohren.

Schumachers erster Teamchef Eddie Jordan erinnert sich. „Als ich für Gachot Ersatz brauchte, habe ich Gerd Krämer angerufen. Der war damals Mercedes-Verbindungsmann zur Formel 1. Er empfahl mir diesen jungen Schumacher und informierte Weber und Neerpasch. Die machten den Deal mit Peter Sauber klar, für dessen Team Schumacher ja damals fuhr. Ich bekam von Sauber 150 000 Pfund, damit war für mich alles klar." Den Großteil der damals umgerechnet rund 450 000 Mark steuert, so die Beteiligten, Mercedes bei. Willi Weber: „Andere Sponsoren, wie die Dekra, haben auch noch dazu beigetragen."

Es ist auch noch von 80 000 Pfund (damals rund 240 000 Mark) die Rede, die Willi Weber nach eigener Angabe für die Formel-1-Testfahrt in Silverstone bezahlt hat. Wer an wen wie-

viel wohin letztendlich überwiesen hat – das ist, wie gesagt, ein eigener Roman. Lassen wir Schumacher fahren.

Leichtfertig gibt Mercedes damals das Fahrer-Juwel trotzdem nicht aus der Hand. Die haben mit ihrem damaligen Partner Sauber selbst den Einstieg in die Formel 1 im Hinterkopf – mit Schumacher als Fahrer. Willi Weber: „Ich telefonierte in jenen Tagen für über 2000 Mark, bis alle mit dem Deal einverstanden waren."

Der junge Mann aus Kerpen gibt Gas. Nach drei Runden fährt „Mister Shoemaker" in Silverstone Bestzei-

Der Start in Spa. Micha Schumacher gleich mittendrin. Sein grüner Jordan (Nr. 32) sticht mit Senna (links), Prost, Mansell, Berger, Alesi und Piquet in die La Source. Schumacher war die Strecke vorher mit dem Fahrrad abgefahren

ten. Die Teamcrew bremst den Neuling: „Wir brauchen unser Auto noch. Er soll den Motor nicht kaputt machen." Jordan-Mann Foster: „Hier sitzt ein Außerirdischer im Auto." Mister Shoemaker beruhigt: „Ich mach' nichts kaputt. Ich fahr' noch nicht mal am Limit."

Der „Außerirdische" hat alle überzeugt. Sauber und Mercedes geben Schumacher frei. Das Tor zur Formel 1 ist auf.

Irgendwie lustig, wie alles beginnt. Alain Prost und Nigel Mansell zupfen sich in Spa 1991 am Overall und stecken die Köpfe zusammen: „Wer ist denn das mit dem zu großen grünen Overall bei Jordan? Hast du den schon mal gesehen? Sieht aus wie ein Mechaniker..."

Michael und sein erster Teamchef Eddie Jordan

Ayrton Senna vergeht sofort das Lachen. Bereits nach den ersten fünf Trainingsrunden von Michael Schumacher stutzt er: „Wer ist denn das? Der ist ja unglaublich schnell. Der kann uns gefährlich werden." Und später im engsten Kreis: „So einer hat das Zeug zum Weltmeister." Ayrton Senna, der große Senna – er hatte sofort registriert, was da für einer im Auto sitzt.

Es ist einer, der, wie er später selbst sagt „zum Rennfahrer geboren ist." Michael Schumacher hat nämlich zu diesem Zeitpunkt nur Rennfahren im Kopf.

Beispiel? Bitteschön.

Jung-Schumacher steht hinter der Jordan-Box. Ein Mechaniker, der das Auto von Gachot auf Schumacher trimmt, kommt auf den Neuling zugetrabt. Auf seinem rechten Zeigefinger hat der englische Mechaniker einen Sticker mit der Deutschland-Flagge leicht angeklebt. „Wie herum muss die Flagge auf dein Auto? Gelb oben, oder schwarz oben?" Verdutzter Blick von Michael: „Weiß ich doch nicht."

Schwarz-Rot-Gold ist ihm nicht wichtig. In seinem Kopf ist nur Platz für Michael oben, die anderen unten auf dem Podest. Fahrzeugabstimmung, Reifendruck, Kurventechnik, das sind seine Lebensaufgaben. Goldrot-schwarz war eher die Farbenfolge seines Rennfahrer-Lebens.

„Ich hab' die hier ziemlich alle im Griff. Nur einer wird 'ne harte Nuss. Dieser Ayrton Senna."

Und in dieser Reihenfolge sollte es auch verlaufen. Viele goldene Siege, die meisten in einem roten Auto, und ein paar dunkle Momente. Die gehören im Rennsport aber dazu, wenn man ganz nach oben will.

Alain Prost und Nigel Mansell tuscheln nach dem Training erneut. Diesmal mit ernsteren Gesichtern. „Siebter? Tatsächlich Siebter!". Für einen „Mechaniker in einem zu großen grünen Overall" ganz gut... Dabei bestand Schumis Schnupperkurs für die Rennstrecke gerade mal aus zwei Runden – mit dem Fahrrad wohlgemerkt.

Vor dem ersten Start aber plötzlich eine neue Hürde. Der Rechtsanwalt von Teamchef Eddie Jordan steht mit einem Vertrag für Schumacher vor Willi Weber. „Wie soll ich denn dieses Paket, alles auf englisch, in zehn Minuten durchlesen?", fragt Weber

Startplatz und Sponsor stimmen überein: Siebter

den Anwalt. Eddie Jordan mischt sich ein: „Ich brauche 150 000 Dollar pro Rennen bis Saisonende. Ohne Unterschrift kann dein Kerl nicht fahren." Weber unterschreibt. „Wir durften diese Chance nicht gehen lassen."

Michael Schumacher kann starten. Nach 600 Metern klettert der „Mechaniker im grünen Overall" aus dem Cockpit. Kupplung verraucht. Nicht aber die Karriere.

Noch berichtet BILD im Sport groß über die 42 Schritte von Carl Lewis zu seinem dritten WM-Titel und seinem Weltrekord in Tokio über 100 m in 9,86 Sekunden („Carl der Größte"). Daneben etwas bescheidener „Schumacher flog sofort raus, Senna siegt wieder" (26. August 1991).

Es ist Formel-1-Boss Bernie Ecclestone, der guten Kontakt zur Benetton-Familie hat und Schumacher in diesem Team haben will. Ecclestone weiß, dass Jordan im nächsten Jahr mit Yamaha-Motoren sicherlich nicht zu den Besten gehören wird. Er spürt sofort: Dieser Junge heizt den alten Hasen Mansell, Senna, Prost, Piquet, Berger und Co. richtig ein.

Und plötzlich hat Schumacher den ersten Skandal an der Hacke. Weil er nach nur einem Einsatz bei Jordan in einer Nacht- und Nebel-Aktion zum aufstrebenden Benetton-Team transferiert wird. Roberto Moreno, der für Schumi aus dem Benetton-Cockpit weichen soll, kämpft vor Gericht . Und gewinnt!

Dem Brasilianer bietet man eine Million Dollar, wenn er für Schumi weicht. Als die Polizei Schumachers Benetton in Monza vor seinem zweiten Formel-1-Rennen (8. September 91) aufgrund Morenos einstweiliger Verfügung beschlagnahmen will, einigen sich in dieser Nacht Jordan, Benetton, Neerpasch, Weber und Ecclestone. Benetton kauft Schumi für 500 000 Dollar von Jordan frei. Moreno fährt für Jordan.

Alle Beteiligten, die Michael Schumacher zu Benetton transferiert hatten, klatschen sich nach dessen erstem Rennen für den italienischen Rennstall und seinem zweiten überhaupt auf die Schultern. Michael Schumacher wird Fünfter. Seine er-

Nach dem Ausfall Zweifel am Beistand von oben

Zweites Rennen, zweiter Teamchef. Die Blicke von Schumi und Briatore mussten sich noch finden

sten zwei WM-Punkte! Er ruft aus Monza seinen Vater Rolf an und sagt am Telefon: „Ich hab' die hier ziemlich alle im Griff. Nur einer wird' ne harte Nuss. Dieser Ayrton Senna."

Deutschland ist wachgerüttelt. „Ein neuer Graf Berghe von Trips ist geboren", heißt es in den Schlagzeilen.

Auch in seinem dritten Rennen, in Portugal, holt Schumi mit dem sechsten Platz einen WM-Punkt. Als er in seinem vierten Rennen in Barcelona den großen Mansell überholt, flucht der Engländer: „Mach du mal deine Schuhe, ich krieg' dich schon wieder." Schumi dreht sich, wird aber wieder Sechster. Dann stutzt ihn der Übermut die Flügel. Ungebremst fliegt Schumacher beim Training in Japan mit dem Ersatzauto, das auf Piquet abgestimmt war, rückwärts in die Mauer. „Es war ein ziemlich schwerer Crash, aber ich stieg sofort wieder ins Auto und war danach eine halbe Sekunde schneller." Erst Jahre später stellt sich heraus, dass er sich einen Rückenwirbel angebrochen hatte. Typisch Schumi: Ein potenzieller Weltmeister kennt keinen Schmerz.

> **„Es war ein ziemlich schwerer Crash, aber ich stieg sofort wieder ins Auto und war danach eine halbe Sekunde schneller."**

Schumacher kennt auch in Australien keine Angst. Im kürzesten Formel-1-Rennen aller Zeiten (es wird nach exakt 24 Minuten und 34 Sekunden abgebrochen) segelt Schumi im Aquaplaning raus.

Am Ende der Saison '91, in der Schumi ja nur die letzten sechs Ren-

Drittes Rennen, dritter WM-Punkt. Schumacher überholt Berger (McLaren) in Portugal

Das schrieb Bild

Michael Schumacher strahlt. Startet der 22jährige aus Kerpen Sonntag beim Großen Preis von Belgien in Spa eine Traum-Karriere?

Traum-Karriere! Schumacher fährt in der Formel 1

Silverstone – Mon- | die Sportwagen-WM

21. 8. Vier Tage vor dem 1. Rennen

Seite 8

Formel 1 in Belgien

Schumacher flog sofort raus, Senna siegt wieder

Von CARLOS MURPHY
Spa – Brutales Geschäft! | sen, daß ich so ein Auto bewegen kann."

26. 8. Tag nach dem ersten Rennen

Schumacher für 500000 Dollar freigekauft!

Formel 1: Der schnelle Deutsche raste auf Platz 7

7. 9. Alles klar mit Benetton

Formel 1 staunt

Schumacher raste auf Platz 5

Von CARLOS MURPHY

9. 9. Nach zweitem Rennen in Monza

Formel 1-Rakete Schumacher

Nur sein Fahrlehrer fuhr nicht auf ihn ab

Von HELMUT UHL | sammenarbeit mit Pi-

10.9. Schumi macht 21 Fahrstunden

nen fährt, hat er vier WM-Punkte geholt. In nur zwei Monaten war er von einem Mercedes-Junior-Fahrer plötzlich zur neuen deutschen Formel-1-Hoffnung geworden.

„Ich kann es selbst nicht glauben. Es hat sich in zwei Monaten alles überschlagen", sagte ein damals eher sprachloser Michael Schumacher über sein neues Leben.

Sein „altes" war die 70-Quadratmeter-Wohnung in Kerpen, die er mit seiner damaligen Freundin Stefanie, einer Versicherungsangestellten, bewohnte. Es war das 25 000-Mark-Gehalt als Mercedes-Junior. Und es war der Traum „von einem alleinstehenden Häuschen in dieser Gegend und einem größeren Fernseher." Und es war auch die Gewissheit, „dass im Moment nicht mehr als 800 Mark Miete im Monat drin sind."

Nicht einmal ein Jahr später wohnt Michael Schumacher dort, wo man diese 800 Mark Miete zahlt – aber am Tag.

Er zieht nach Monaco.

Fünftes Rennen, erster Unfall. Schumacher taumelt nach schwerem Crash mit Tempo 280 in der ultraschnellen 130R-Kurve

Der Saisonüberblick verrät, wer bei welchem Rennen wie viel Punkte holte. Der Sieger bekommt 10 Punkte, der Zweite 6, der Dritte 4, der Vierte 3, der Fünfte 2, der Sechste 1 Zähler

		1 USA	2 Brasilien	3 San Marino	4 Monaco	5 Kanada	6 Mexiko	7 Frankreich	8 Großbritannien	9 Deutschland	10 Ungarn	11 Belgien	12 Italien	13 Portugal	14 Spanien	15 Japan	16 Australien	TOTAL
1.	A. SENNA	10	10	10	10	-	4	4	3	-	10	10	6	6	2	6	5	**96**
2.	N. MANSELL	-	-	-	6	1	6	10	10	10	6	-	10	-	10	-	3	**72**
3.	R. PATRESE	-	6	-	-	4	10	2	-	6	4	2	-	10	4	4	1	**53**
4.	G. BERGER	-	4	6	-	-	-	-	6	3	3	6	3	-	-	10	2	**43**
5.	A. PROST	6	3	-	2	-	-	6	4	-	-	-	4	-	6	3	-	**34**
6.	N. PIQUET	4	2	-	-	10	-	-	2	-	-	4	1	2	-	-	1,5	**26,5**
7.	J. ALESI	-	1	-	4	-	-	3	-	4	2	-	-	4	3	-	-	**21**
8.	S. MODENA	3	-	-	-	6	-	-	-	-	-	-	-	-	-	1	-	**10**
9.	A. DE CESARIS	-	-	-	-	3	3	1	-	2	-	-	-	-	-	-	-	**9**
10.	R. MORENO	-	-	-	3	-	2	-	-	-	-	3	-	-	-	-	-	**8**
11.	P. MARTINI	-	-	3	-	-	-	-	-	-	-	-	-	3	-	-	-	**6**
12.	J. LEHTO	-	-	4	-	-	-	-	-	-	-	-	-	-	-	-	-	**4**
	B. GACHOT	-	-	-	-	2	-	-	1	1	-	-	-	-	-	-	-	**4**
	M. SCHUMACHER											-	2	1	1	-	-	**4**
15.	S. NAKAJIMA	2	-	-	-	-	-	-	-	-	-	-	-	-	-	-	-	**2**
	M. HÄKKINEN	-	-	2	-	-	-	-	-	-	-	-	-	-	-	-	-	**2**
	M. BRUNDLE	-	-	-	-	-	-	-	-	-	-	-	-	-	-	2	-	**2**
18.	A. SUZUKI	1	-	-	-	-	-	-	-	-	-	-	-	-	-	-	-	**1**
	J. BAILEY	-	-	1	-	-	-	-	-	-	-	-	-	-	-	-	-	**1**
	E. PIRRO	-	-	-	1	-	-	-	-	-	-	-	-	-	-	-	-	**1**
	E. BERNARD	-	-	-	-	-	1	-	-	-	-	-	-	-	-	-	-	**1**
	I. CAPELLI	-	-	-	-	-	-	-	-	-	1	-	-	-	-	-	-	**1**
	M. BLUNDELL	-	-	-	-	-	-	-	-	-	-	1	-	-	-	-	-	**1**
24.	G. MORBIDELLI	-	-	-	-	-	-	-	-	-	-	-	-	-	-	-	0,5	**0,5**

1992

Der Sieger

Weltmeister Nigel Mansell (links) zeigt, was er denkt: Du wirst mein Nachfolger! Michael Schumacher feiert in seinem 18. Rennen am 30. August 1992 in Spa seinen ersten Sieg

1992

Das Jahr, in dem Schumi sein erstes Rennen gewinnt. Bill Clinton neuer US-Präsident. Willy Brandt tot. Ozonloch breitet sich aus. Fünf Oscars für das „Schweigen der Lämmer"

Obwohl Michael Schumacher erst sechs Formel-1-Rennen gefahren ist, kriegt er in diesem Jahr plötzlich Schwierigkeiten. Zum einen mit dem Leben abseits der Piste. Zum anderen mit dem dreimaligen Weltmeister Ayrton Senna.

„Es ist nicht mehr lustig, wenn wildfremde Menschen in deinem Garten stehen und fragen, ob sie auch ein gegrilltes Steak haben können." Schumis erste Auseinandersetzung mit der Popularität. Er ist beim Auftaktrennen in Kyalami Vierter geworden, aber schon im zweiten Saisonrennen, seinem erst achten insgesamt, steht Schumi in Mexiko zum ersten Mal auf dem Podest. Dritter hinter Mansell und Patrese (beide Williams-Renault). Gleiches Resultat in Brasilien, im darauffolgenden Rennen in Barcelona Schumachers endgültiger Durchbruch zu den Superstars. Im Regen jagt er den haushoch überlegenen Mansell im Williams-Renault, feiert seinen ersten zweiten Platz! Ein neuer deutscher Sportheld ist geboren.

Und was für einer. Einer, der vor niemandem und nichts Angst hatte.

Mund auf, Augen zu: Die erste Champagner-Dusche als Sieger. Briatore kriegt auch was ab

Nach seinem dritten Platz in Brasilien schießt er gegen Senna (in der 18. Runde ausgefallen) eine Breitseite: „Zehn Runden fuhr Senna schnell. Dann begann er ein seltsames Spiel, das ich einem dreimaligen Champion nicht zugetraut hätte. In den Kurven, wo nicht überholt werden kann, fuhr er langsam, auf den Geraden gab er mächtig Gas."

„Du fährst, wie du willst, und ich fahre, wie ich will."

Senna bekommt das zu Ohren – und schweigt. Erst mal. Fünf Rennen später, in Magny Cours, kracht's. Richtig. Und gleich zweimal. Erst schubst der immer selbstbewusster werdende Schumacher sein Idol bei einem Startcrash raus. Senna kocht. Er kann nicht zum Neustart, Auto Schrott. Vielmehr geht er, bereits umgezogen im Schlabberlook, auf die Startaufstellung zu Schumacher, legt ihm die linke Hand auf die Schulter und sagt: „Du musst noch viel lernen. In Brasilien hast du mich nach dem Rennen öffentlich kritisiert, obwohl du keinen blassen Schimmer von meinen Problemen hattest. Jetzt sage ich dir persönlich, dass du heute Mist gebaut hast."

Schumacher forsch: „Ich glaube sehr wohl, Sao Paulo beurteilen zu können."

Senna: „Hast du je die Ausdrucke der Telemetrie gesehen?"

Schumacher: „Nein."

Senna: „Und was war heute?"

Schumacher gesteht: „Ich habe zu spät gebremst, es war meine Schuld."

Der Benetton-Pilot macht erstmals Bekanntschaft mit weltweiter Kritik. Und verteidigt sich. „Ich habe immer gesagt, dass ich noch viel zu lernen habe und entsprechend Fehler mache. Die Kritiker sollen mir einen Fahrer zeigen, dem es nicht so erging."

Schumacher und Senna – Freunde wurden sie nie. Beim Test in Hockenheim rauschen sie noch mal zusammen. Gewaltig sogar. In der Box prügeln sie sich fast. „Wenn du nicht rücksichtsvoller fährst und mit den Mätzchen aufhörst, lernst du mich kennen", schreit Senna den Deutschen an. Ein McLaren-Mann

Schon in Brasilien zeigt sich: Schumacher sitzt Senna (vorn im McLaren) im Nacken

Der Kaiser und der Kronprinz: Sie geraten in Magny Cours aneinander ...

... und auch beim Hockenheim-Test. Senna schimpft und schubst. Schumi geht in Deckung

DAS SCHRIEB Bild

Formel-1 Start in Südafrika
Jungfuchs Schumacher pokerte die alten Hasen aus

2. 3. Nach GP in Südafrika

Unser Formel 1-Renner
Schumacher, Zauberer am Lenkrad
... und der kleine Bruder wird noch besser

3. 3. Nach Platz 4 in Kyalami

Formel 1: Nach 15 Jahren wieder ein Deutscher auf dem Treppchen
Schumacher: Es ist alles wie ein Traum
Riesen-Komplimente von Sieger Mansell

Formel 1 in Mexiko
Michael Schumacher
Alle fahren auf unsere Rakete ab

23. 3. und 24. 3. Nach 1. Podium Mexico

Schumacher 1. Sieg

31. 8. Nach Spa

Der Benetton-Renner: Von 0 auf 100 in 2,7 Sekunden
Der gelbe Blitz
Schumacher: Jetzt rollen auch die Millionen

1. 9. Nach legendärem 1. Sieg

geht dazwischen. Schumi geifert zurück: „Du fährst, wie du willst, und ich fahre, wie ich will.“

Nein, dieser Schumacher lässt sich vom Platzhirsch nichts gefallen. Er gibt weiter Gas. Am 30. August 1992 jagt er mit 36 Sekunden Vorsprung vor dem haushoch favorisierten Mansell über den Zielstrich. Schumi zum ersten Mal ganz oben auf dem Siegerpodest. Ausgerechnet in Spa. Dort, wo er ein Jahr vorher sein Debüt gab. Glückstränen rollen ihm über die breiten Wangenknochen.

„Ich fühlte mich unbeschreiblich. Ich dachte, ich explodiere vor Glück. Mir schien es, als schwebte ich zwei Meter hoch in der Luft, ohne dabei den Boden unter den Füßen zu verlieren.“

Spätestens in diesem Rennen erkennen die Superstars (Mansell, Senna, Berger hatten die vorherigen elf Saisonrennen gewonnen) die vielfältigen Talente des Michael Schumacher. Dass er schnell ist, wussten inzwischen alle. Dass er schlau ist, erkennen jetzt auch alle. Häppchenweise hat er sich die Sympathie und Anerkennung bei Benetton erarbeitet. Dass er mit einem besonderen Instinkt gesegnet ist, begreift in diesem Rennen auch der dümmste Kollege.

Schumi erzählt selbst: „Mit permanent beschlagenem Visier und entsprechend katastrophalen Sichtbe-

Corinna scheint nach dem Monaco-Umzug etwas Heimweh zu haben (oben). Michael dagegen kriegt höchstes Lob von Lauda (links): „Du wirst mal Weltmeister“

Michael Schumachers Stern geht auf. Hier funkt er Häkkinen (links im Lotus) und Alesi (rechts im Ferrari) dazwischen, gewinnt in Spa

dingungen unterlief mir ein Fehler. Ich verpasste eine Kurve. So paradox es klingt – damit begann die Wende zum Guten.

Innen schlüpfte mein Teamkollege Martin Brundle vorbei. Ich sah, dass seine Hinterreifen Blasen warfen. Also entschloss ich mich, sofort zum Reifenwechsel an die Box zu fahren. Meine Reifen konnten schließlich nicht besser aussehen. Der Wechsel auf Slicks war ideal." Schumi fährt bis zu acht Sekunden schneller als der Rest des Feldes!

Die Erkenntnisse seiner zweiten, aber ersten ganzen Saison: Erstens, WM-Dritter mit 53 Punkten. Hinter den als unschlagbar geltenden Williams-Renault von Mansell (108) und Patrese (56) – aber vor Senna (50)! Zweitens, sportliche Erfolge zehren am Privatleben. Er sagt Sätze wie: „Ich weiß gar nicht, was alle von mir wollen. Ich kann nicht mehr mit Ruhe irgendwo essen. Manchmal kommst du dir vor wie eine Hure deines Berufes."

Seine dritte Erkenntnis hievt ihn auf jene Erfolgsspur, auf der nur Sieger fahren: Keine Angst haben. Es sind die Duelle neben der Strecke, die du nicht verlieren darfst, damit du gewinnst.

Nigel Mansell war im haushoch überlegenen Williams-Renault nicht zu schlagen. Schumacher in seiner ersten vollen Saison schon WM-Dritter – vor Senna!

		1 Südafrika	2 Mexiko	3 Brasilien	4 Spanien	5 San Marino	6 Monaco	7 Kanada	8 Frankreich	9 Großbritannien	10 Deutschland	11 Ungarn	12 Belgien	13 Italien	14 Portugal	15 Japan	16 Australien	TOTAL
1.	N. MANSELL	10	10	10	10	10	6	-	10	10	10	6	6	-	10	-	-	**108**
2.	R. PATRESE	6	6	6	-	6	4	-	6	6	-	-	4	2	-	10	-	**56**
3.	M. SCHUMACHER	3	4	4	6	-	3	6	-	3	4	-	10	4	-	-	6	**53**
4.	A. SENNA	4	-	-	-	4	10	-	-	-	6	10	2	10	4	-	-	**50**
5.	G. BERGER	2	3	-	3	-	-	10	-	2	-	4	-	3	6	6	10	**49**
6.	M. BRUNDLE	-	-	-	-	3	2	-	4	4	3	2	3	6	3	4	4	**38**
7.	J. ALESI	-	-	3	4	-	-	4	-	-	2	-	-	-	-	2	3	**18**
8.	M. HÄKKINEN	-	1	-	-	-	-	-	3	1	-	3	1	-	2	-	-	**11**
9.	A. DE CESARIS	-	2	-	-	-	-	2	-	-	-	-	-	1	-	3	-	**8**
10.	M. ALBORETO	-	-	1	2	2	-	-	-	-	-	-	-	-	1	-	-	**6**
11.	E. COMAS	-	-	-	-	-	-	1	2	-	1	-	-	-	-	-	-	**4**
12.	K. WENDLINGER	-	-	-	-	-	-	3	-	-	-	-	-	-	-	-	-	**3**
	I. CAPELLI	-	-	2	-	-	-	-	-	-	-	1	-	-	-	-	-	**3**
14.	T. BOUTSEN	-	-	-	-	-	-	-	-	-	-	-	-	-	-	-	2	**2**
	P. MARTINI	-	-	-	1	1	-	-	-	-	-	-	-	-	-	-	-	**2**
	J. HERBERT	1	-	-	-	-	-	-	1	-	-	-	-	-	-	-	-	**2**
17.	B. GACHOT	-	-	-	-	-	1	-	-	-	-	-	-	-	-	-	-	**1**
	C. FITTIPALDI	-	-	-	-	-	-	-	-	-	-	-	-	-	-	1	-	**1**
	S. MODENA	-	-	-	-	-	-	-	-	-	-	-	-	-	-	-	1	**1**

1993

Der Frustrierte

Im Tunnel von Monaco gehen die Lichter für Michael Schumacher aus. Er lag in Führung, raste seinem ersten Sieg im Fürstentum entgegen. Dann streikte die Hydraulik

Das Jahr, in dem Schumi auf seinem Höhenflug gestoppt wird. Messer-Attentat auf Monica Seles. Sexskandal um Michael Jackson. Opel wirft VW-Manager Lopez Spionage vor

Der dreimalige Champion Ayrton Senna hat einen dicken Hals. Es wurmt den Brasilianer über den ganzen Winter, dass er im letzten Jahr von diesem Jungspund Michael Schumacher abgebraten worden war. Dieser Schumacher in seiner ersten vollen Formel-1-Saison WM-Dritter (hinter Mansell, Patrese) und er nur Vierter – das durfte, aus Sennas Sicht, nicht sein. Schließlich war er der dreimalige Champion ('88, '90, '91), und der Deutsche gerade mal 22 Rennen gefahren.

„Wenn meine Enkel einmal wissen wollen, wer Senna war, zeige ich ihnen das Video vom Donington-Rennen 1993."

Schumi denkt natürlich ganz anders. Er will 1993 noch ein bisschen intensiver am Titel schnuppern.

Senna und Schumi – die Rivalität der beiden spitzt sich zu. Gleich beim ersten Rennen in Südafrika schubst der Brasilianer den Deutschen von der Piste, wird trotzdem nur Zweiter hinter seinem Erzfeind Prost.

Jetzt hat Schumi 'nen dicken Hals. Obwohl er über den Winter kräftig abgespeckt hatte. Er war mit Corinna in Australien bei einer privaten Abmagerungs-Kur. „Ich hatte drei Kilo Übergewicht. Süßigkeiten sind halt meine Schwäche. Ich nutzte die Zeit in Australien und habe 5,5 Kilo runtertrainiert. Nach dem Urlaub hatte ich 65 Kilo, das war die Untergrenze meines Leistungsgewichts."

Fans haben das Ford-Logo aus ihrer Sicht umgestaltet

Das deutsche Leichtgewicht also schon wieder im Clinch mit Senna. Sie haben in diesem Jahr die gleichen Ford-Motoren, und die Szene tuschelt: So, jetzt sehen wir ja, wer der Bessere ist ...

Senna gewinnt das zweite Rennen, seinen Heim-Grand-Prix in Sao Paulo, Schumi wird Dritter.

Dann kommt das Regenrennen von Donington – eine Senna-Demonstration, wie es sie später von Schu-

Schwarz-Rot-Schumacher. Die deutschen Fans schwenken Fahnen für ihr neues Idol im gelben Renner macher geben sollte. Der Brasilianer startet von Platz vier, ist nach der ersten Runde Erster. Am Ende hat er alle, außer dem Zweiten Hill, überrundet! Schumi, der vor den Augen von Prinzessin Diana in der 23. Runde rausgerutscht war, sagt nach dem Rennen voller Bewunderung: „Wenn meine Enkel einmal wissen wollen, wer Senna war, zeige ich ihnen das Video vom Donington-Rennen 1993."

Michael Schumacher will und will der erste Sieg in diesem Jahr nicht gelingen. Fünfmal wird er Zweiter. Obwohl er in diesem Jahr so etwas wie sein Lieblings-Spielzeug hat. Der Benetton ist elektronisch hochgezüchtet wie sonst kein anderes Auto im Feld. Er hat ABS, Traktionskontrolle (verhindert das Durchdrehen der Räder), Schaltautomatik, Startautomatik, aktives Fahrwerk, sogar Vierrad-Lenkung! Der Pole Tad Czapski, ein absolutes Elektronik-Genie, baute Schumi alle – damals erlaubten, 1994 dann aber verbotenen – elektronischen Hilfsmittel ein. Schumi holt den Elektronik-Guru übrigens später zu Ferrari.

Schumi für Deutschland. Ausgelassen feiert er seinen zweiten Platz (hinter Prost) in Hockenheim

In Portugal steht Schumi endlich doch noch ganz oben auf dem Treppchen. Obwohl's ihm bis zum Renntag ein bisschen schwindelig war. „Fünfmal habe ich mich an den zwei Trainingstagen gedreht. Irgendwo war im Auto der Wurm drin. Das Getriebe war nicht fehlerfrei, das Auto übersteuerte. Es war grausam."

„Im Hotelbett guckte ich an die Decke und sah die langen Zahlen-Kolonnen der Telemetrie vor Augen."

Am Samstag ist Schumi bis kurz nach 23 Uhr an den Boxen, um zu helfen. Sein Benetton wird total umgekrempelt. Schumi kann nicht einschlafen: „Im Hotelbett guckte ich an die Decke und sah die langen Zahlen-Kolonnen der Telemetrie vor Augen."

Am Sonntag startet er von Platz sechs – und siegt. Auf der schnellen Gegengeraden in Estoril zeigt er Alain Prost, mit welchen Kerpener Kart-Wassern er gewaschen ist. Er hält den viel schnelleren Williams-Renault mit Zickzackfahren hinter sich. „Zu 95 Prozent hatte ich Prost im Griff. Nur auf der Gegengeraden musste ich mich ein bißchen breitmachen – aber es ging ja um den Sieg."

Und da ist den echten Racern (fast) jedes Mittel recht. Mit 0,9 Sekunden Vorsprung zischt Schumi vor Prost über den Zielstrich.

Abends feiert der Deutsche seinen zweiten Grand-Prix-Erfolg mit viel Bacardi-Cola im Coconut Club. „Dieser Sieg war deshalb so schön, weil ich am allerwenigsten damit gerechnet hatte." Prost reicht dieser zweite Platz übrigens zum WM-Titel. Seinem vierten und letzten.

Den Sieg vor Augen hatte Schumi schon einmal vorher. In Monaco. Elf Runden jagt er Prost wie ein Schatten. Der „Professor" muss plötzlich

DAS SCHRIEB Bild

Schumacher: Sieg vor Augen, Motor geplatzt
Tränen nach dem Drama

24. 5. Nach Fehler in Monaco

Wieder Zweiter! Schumi wird immer stärker

Von CARLOS MURPHY

12. 7. Nach Silverstone

Zwei in der Erfolgsspur. Prost (l.) stand in 192 Rennen 101 x auf dem Podest, fuhr weitere 21 x in die Punkte. Schumis Bilanz: 31 Rennen, 14 x Podest, 6 weitere Male gepunktet.

Wahnsinn! Hockenheim wird zum Schumi-Land

Von CARLOS MURPHY und HELMUT UHL
Hockenheim – **Einfach Wahnsinn, der Ansturm zum Großen Preis von Deutschland (25. 7.) nach Michael Schumachers tollen PS-Zaubereien in dieser Saison: In sechs von den neun Rennen (3 Ausfälle) raste er aufs Treppchen!**

Bereits gestern campierten die ersten Fans am Hockenheimring. Nach unglaublichen 87 WM-Punkten in seinen bisherigen 31 Rennen dann wird Hockenheim zum „Schumi-Land".

„Ich werde mal mit Prost verhandeln, damit er mich gewinnen läßt", scherzt der Kerpener. sammeln. 1995 jedoch möchte ich in einem Auto sitzen, in dem ich Weltmeister werden kann."

Dann würden ihm die Mechaniker auch solche Kapriolen verzeihen, wie er sie in Silverstone veranstaltet hat. Nach seinem zweiten Platz knipste er die Traktionskontrolle aus,

13. 7. Vor dem Hockenheim-Rennen

Großer Preis von Deutschland in Hockenheim
70 PS weniger – aber Platz 2! Schumi, du bist ein Teufelskerl

26. 7. Nach 2. Platz in Hockenheim

Schumi: Höllenfahrt im Zweitwagen – Sieg

27. 9. Nach Erfolg in Portugal

20 Mio! McLaren will Schumacher kaufen

28. 9. Die Jagd auf ihn geht los

Schumacher feiert seinen einzigen Saisonsieg in Portugal. Auch der Zweite lacht: Prost ist zum vierten Mal Weltmeister. Hill (rechts) Dritter

an die Box – Stop-and-go-Strafe wegen Frühstart. Schumi baut seinen Vorsprung bis auf 20 Sekunden aus. Menschenskind, Sieg im Fürstentum! Dort, wo neun Jahre lang nur Senna (fünfmal) und Prost (viermal) dominierten.

Schumi träumt. Und wacht jäh auf. Sein B193B rollt plötzlich im Gefälle des Casino-Platzes aus, bleibt im Loews-Tunnel stehen: Die Hydraulik hat versagt. „Das war das Größte für mich, jedenfalls solange ich führte. Dann kam der Ausfall wie ein Blitz aus heiterem Himmel – die Ursache war eine Dichtung im Hydraulik-System, die nicht mehr als zehn Mark kostet."

Pech und Glück – sie liegen in der Formel 1 oft so nah beieinander. In Hockenheim jagt Schumi, frenetisch von den Fans gefeiert, Prost und Hill. Peng! In der vorletzten Runde platzt bei Hill ein Reifen – Schumi zum ersten Mal Zweiter in Hockenheim!

Das Gleiche hatte er bereits zwei Wochen vorher in Silverstone geschafft. Geschockt hat er seine Fahrerkollegen dort allerdings mit einer anderen Einlage. Obwohl sich Hill bei einem Spaß-Radrennen mit Fahrern, Team-Mitgliedern und Journalisten an den Heckspoiler eines Begleit-Fahrzeugs hängt und ziehen lässt, gewinnt – Michael Schumacher! Ein Helfer später: „Ich fuhr mit meinem

Beim Auftaktrennen in Südafrika schubst Senna Schumachers Benetton (innen) von der Piste

Auch auf zwei Rädern Spitze: Nur Zanardi (unten als Zweiter) kann bei einem Spaß-Radrennen mithalten

Motorroller ständig in der Nähe von Schumacher – wir hatten fast dauernd Tempo 40 drauf ...“

Es hat sich bei den Piloten herumgesprochen, dass Schumi der mit Abstand Fitteste ist. Trotzdem muss er am Ende der Saison erkennen, dass es in der Formel 1 nicht ganz so schnell nach oben geht, wie er sich das nach seinem Einstieg vorgestellt hat. Er ist hinter Prost, Senna und Hill WM-Vierter. Aber alle wissen: Es ist eine Frage der Zeit, wann dieser Deutsche allen davonfährt.

Drei Mal Dritter, fünf Mal Zweiter, ein Sieg: Für Schumacher reicht es trotzdem hinter Prost, Senna und Hill nur zu Platz vier im WM-Klassement

		1 Südafrika	2 Brasilien	3 Europa	4 San Marino	5 Spanien	6 Monaco	7 Kanada	8 Frankreich	9 Großbritannien	10 Deutschland	11 Ungarn	12 Belgien	13 Italien	14 Portugal	15 Japan	16 Australien	TOTAL
1.	A. PROST	10	-	4	10	10	3	10	10	10	10	-	4	-	6	6	6	99
2.	A. SENNA	6	10	10	-	6	10	-	3	2	3	-	3	-	-	10	10	73
3.	D. HILL	-	6	6	-	-	6	4	6	-	-	10	10	10	4	3	4	69
4.	M. SCHUMACHER	-	4	-	6	4	-	6	4	6	6	-	6	-	10	-	-	52
5.	R. PATRESE	-	-	2	-	3	-	-	-	4	2	6	1	2	-	-	-	20
6.	J. ALESI	-	-	-	-	-	4	-	-	-	-	-	-	6	3	-	3	16
7.	M. BRUNDLE	-	-	-	4	-	1	2	2	-	-	2	-	-	1	-	1	13
8.	G. BERGER	1	-	-	-	1	-	3	-	-	1	4	-	-	-	-	2	12
9.	J. HERBERT	-	3	3	-	-	-	-	-	3	-	-	2	-	-	-	-	11
10.	M. BLUNDELL	4	2	-	-	-	-	-	-	-	4	-	-	-	-	-	-	10
11.	M. ANDRETTI	-	-	-	-	2	-	-	1	-	-	-	-	4	-	-	-	7
	K. WENDLINGER	-	-	-	-	-	-	1	-	-	-	1	-	3	2	-	-	7
13.	C. FITTIPALDI	3	-	-	-	-	2	-	-	-	-	-	-	-	-	-	-	5
	J. LEHTO	2	-	-	3	-	-	-	-	-	-	-	-	-	-	-	-	5
15.	M. HÄKKINEN	-	-	-	-	-	-	-	-	-	-	-	-	-	-	4	-	4
	D. WARWICK	-	-	-	-	-	-	-	-	1	-	3	-	-	-	-	-	4
17.	P. ALLIOT	-	-	-	2	-	-	-	-	-	-	-	-	-	-	-	-	2
	R. BARRICHELLO	-	-	-	-	-	-	-	-	-	-	-	-	-	-	2	-	2
	F. BARBAZZA	-	-	1	1	-	-	-	-	-	-	-	-	-	-	-	-	2
20.	A. ZANARDI	-	1	-	-	-	-	-	-	-	-	-	-	-	-	-	-	1
	E. COMAS	-	-	-	-	-	-	-	-	-	-	-	-	1	-	-	-	1
	E. IRVINE	-	-	-	-	-	-	-	-	-	-	-	-	-	-	1	-	1

1994

Der Weltmeister

Er hat sich auf den Thron gefahren und lacht sich in das Glück. Michael Schumacher könnte die ganze Welt umarmen. Seine Welt an diesem 14. November 1994 in Adelaide ist in diesem Moment die Benetton-Box

1994

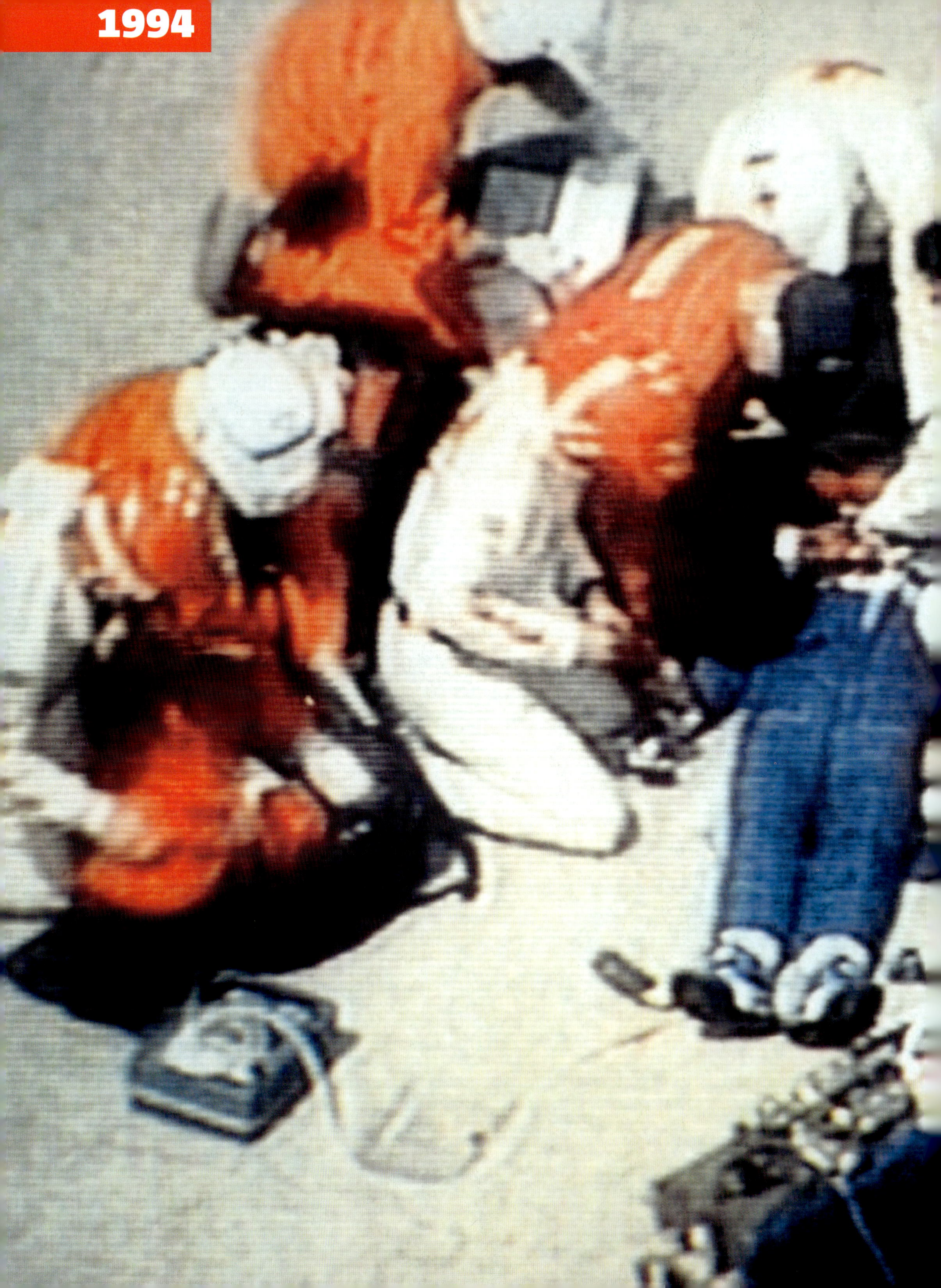

Der Tag, an dem die Formel 1 Trauer trägt. Imola, 1. Mai 1994. Senna rast in der Tamburello-Kurve gegen die Mauer (kl. Foto). Ärzte und Helfer haben Senna neben das Williams-Wrack gelegt. Jede Hilfe kommt zu spät

Das Jahr, in dem Schumi zum ersten Mal Weltmeister wird. 912 Menschen ertrinken beim Untergang der „Estonia". Kaufhaus-Erpresser Dagobert wird gefasst.

Es gibt 365 Tage im Leben des Michael Schumacher, von denen er nicht einen einzigen vergessen wird.

Es geht los mit dem 3. Januar 1994. Sein Benetton-Teamchef Flavio Briatore hat Michael und Corinna auf seine Ranch nach Kenia eingeladen. Sie gehen auf Safari.

Abends wird eine Riesentorte aufgefahren. Schokoladenfarben. Schumis Augen glänzen. Er mag doch so gern Süßigkeiten. Dass Briatore an seinem 25. Geburtstag an so was denkt ... Michael beißt genüsslich in das erste Stück und – spuckt. „Bääh. Was ist das denn?!" Briatore lacht sich schlapp. Und klärt seinen Schützling auf: „Das ist Elefantenmist. Ist der begehrteste Glücksbringer Kenias ..."

Was sich Ende des Jahres tatsächlich als solcher herausstellen sollte. Allerdings nach ganz viel Mist ...

Zunächst beginnt die Saison mit Schumacher-Jubel. Grenzenlosem Schumacher-Jubel. Zweimal steht in den ersten zwei Rennen Ayrton Senna, von McLaren zu Williams gewechselt, auf der Poleposition. Zweimal steht Schumacher daneben. Zweimal scheidet Senna nach Unfällen aus. Zweimal gewinnt Schumacher.

Ein Raketenstart. Der Deutsche hat 20 Punkte. Der dreimalige Weltmeister null. Senna ist frustriert. Vor allem, als der Brasilianer beim zweiten Rennen in Aida (Japan) von Häkkinen schon in der ersten Kurve abgeschossen wird. Er setzt sich, ganz gegen die Gewohnheiten der Rennfahrer (sie hauen immer nach ihrem Ausscheiden sofort von der Strecke ab), 20 Runden lang auf eine Leitplanke und beobachtet Schumacher und seinen Benetton. Er kommt zu dem Schluss: „Ich ahnte, dass bei denen etwas nicht mit rechten Dingen zugeht. Jetzt weiß ich es: Der Schumacher fährt mit Traktionskontrolle." Die ist, wie alle elektronischen Hilfsmittel, verboten.

Es geht nach Imola. Senna holt seine dritte Pole. Schumi Zweitschnellster. Drei mal stehen in den ersten drei Rennen der König und sein Kronprinz in der ersten Startreihe. Schumi klopft an den Thron.

Aber die Formel 1 fährt in den Tod.

Beim Training stirbt Ratzenberger.

Ayrton Senna vor seinem letzten Rennen: Hatte er den Tod geahnt?

Im Rennen Senna. Seine Lenksäule bricht. Er rast mit 200 in die Mauer der Tamburello-Kurve. Ein Aufhängungsteil durchbohrt seinen Helm. Schumacher, direkt hinter Senna, sagt später: „Ich dachte, er steigt gleich wieder aus dem Auto und ärgert sich." Vielmehr schockt die Leitende Ärztin des Maggiore-Krankenhauses in Bologna, Dr. Maria Teresa Fiandri, die Sportwelt: „Sennas Herz hörte um 18.40 Uhr auf zu schlagen."

„Ich dachte, er steigt gleich wieder aus dem Auto und ärgert sich."

Schumacher wird von seinem Team nicht informiert, was passiert ist. Auch noch nicht, als er den Siegerpokal – seinen dritten hintereinander – auf dem Podest hochreißt. Erst im Benetton-Bus klärt ihn ein Freund auf. Schumacher weint hemmungslos. Senna tot. Sein Idol, sein Rivale tot. Schumacher geht nicht zur Beerdigung. Erst nach der Saison steht er alleine an Sennas Grab. Das stumme Gespräch zwischen den beiden wird von der Einsamkeit verschluckt.

Schumi: „Ich habe in den ersten Wochen nach Sennas Tod nur zwei, drei Stunden die Nacht geschlafen. Immer wieder habe ich gedacht: Nein, Senna wird schon wieder aufwachen. Ich habe überlegt, ob ich überhaupt weiter Rennen fahren soll."

Der Rennfahrer besiegte den Menschenverstand. Schumacher steigt sofort wieder in seinen Benetton und fährt der Angst davon. „Wenn ich in diesem Moment Angst gehabt hätte, dann hätte ich vermutlich nicht mehr fahren können. Aber nach den ersten Runden wusste ich, dass ich weiter fahren kann."

Er siegt auch weiter in diesem Tränen- und Skandal-Jahr.

In Silverstone muss Schumi auf Anordnung seines Teams die Schwarze Flagge übersehen („Keep going"), nachdem er in der Einführungsrunde den führenden Hill verbotenerweise überholte. Schumacher wird Zweiter – aber nachträglich, wie es in den Regeln steht, disqualifiziert. Sechs Punkte weg, zwei Rennen Sperre.

In Spa ist die Bodenplatte 1,6 Millimeter zu dünn. Statt der vorgeschriebenen Toleranzgrenze von neun Millimetern hat sie nur 7,4 Millimeter – Sieg und zehn Punkte aberkannt. Er erfährt von der Disqualifikation per Telefon bei einem Freund. Seine Reaktion: Er fragt nach einer guten Flasche Wein im Keller ...

In Hockenheim steht Schumis Teamkollege Verstappen in einem riesigen Feuerball. Benetton hat diesmal an der Tankanlage manipuliert. Ein Filter wird nicht eingebaut, damit das Benzin schneller durch den

Rennen nach Senna-Unfall abgebrochen. Schumi steigt aus. Er gewinnt nach Neustart

Rüssel in den Tank schießt. Mit einem Druck von zwölf Litern pro Sekunde spritzt das Benzin hoch. In drei Sekunden hat ein riesiger Feuerball den Benetton Verstappens verschluckt. Die Betrugsabsicht kann von der FIA nicht nachgewiesen werden, sie lässt die Anklage fallen. Schumi fällt in der 20. Runde aus (Motorschaden), er flieht mit blonder Perücke aus dem Fahrerlager.

In diesen Tagen macht sich Deutschland Sorgen um den großen Heinz Rühmann, und der Weltmeister-Trainer von 1974, Helmut Schön, erkennt seine Freunde nicht mehr.

Das Misstrauen gegenüber Benetton und Schumacher ist so groß, dass ein Hubschrauber den Start des Deutschen in Ungarn überwacht, um festzustellen, ob eine verbotene elektronische Fahrhilfe eingesetzt wurde.

Tränen. Sperren. Feuer. Manipulations-Vorwürfe der Konkurrenz. BILD kreiert den „Schummel-Schumi". Der Spiegel schreibt: „Vom Saubermann zum zwielichtigen Trickser".

Schumi ist sauer. „Ich weiß nicht, was ich verbrochen habe, dass das alles auf mich einstürzt. Ich weiß es wirklich nicht. Ich bin am Boden zerstört. Ich zweifle an der Gerechtigkeit."

Berger, Briatore und Schumacher erfahren die schreckliche Nachricht

Sein Manager Willi Weber zweifelt am Drei-Jahres-Vertrag mit Benetton (zehn Millionen Mark bis '96). Von Imageverlust ist die Rede. Drei Rennen vor Schluss wird der 50-Seiten-Kontrakt aufgelöst. Weber handelt für Schumacher für die letzten drei Saison-Rennen drei Millionen Mark (eine pro Rennen) heraus! Ab 1995 steigt Schumacher zum absoluten Topverdiener auf. Er kriegt zwei Millionen Mark pro Rennen und ist ab 1996 frei.

„Herrlich, wenn man so zurückkommt, wie man gegangen ist. Wir haben der ganzen Welt gezeigt, was wir können."

Zurück zu 1994. Schumi ist 49 Tage (für Monza und Estoril) gesperrt, Hill bis auf einen Zähler an Schumi dran. Drittletztes Rennen in Jerez. Schumacher siegt vor Hill. „Herrlich, wenn man so zurückkommt, wie man gegangen ist. Wir haben der ganzen Welt gezeigt, was wir können."

Vorletztes Rennen in Suzuka. Schumi ist nervös. Er kann nicht schlafen. Er ruft Corinna an: „Schatz, ich vermisse dich so." Druck. Einsamkeit. Schumacher lässt sich nachts um vier Uhr von seinem Physiotherapeuten Harry Hawelka einen Beruhigungstee aufs Zimmer bringen.

Suzuka, verhext und verregnet. „Suzuka ist meine Seuchen-Strecke. Dreimal bin ich nicht angekommen und jetzt dieser Regen." Schumi ahnt nichts Gutes. Eine Stunde vor dem Start klemmt das Visier. „Das gibt's doch gar nicht." Benetton besorgt einen neuen Helm. Schumi hat die Pole, Hill gewinnt. Er gibt Hill einen Klaps auf den Helm: „Glückwunsch, das war dein Tag heute. Aber in Australien bin ich dran." Schumi steht in Unterhose im Container, kaut an einem Schinken-Sandwich – und an der Niederlage.

Aber er gibt nicht auf. Ein Schumacher gibt niemals auf. Er kommt mit einem Punkt Vorsprung gegenüber Hill zum Showdown nach Adelaide. Schumi und Hill reden kein Wort miteinander.

Die Unterboden-Holzplatte war 1,6 mm zu dünn

Im Rennen touchiert Schumi eine Mauer, schleudert zurück auf die Strecke, kracht seinem WM-Rivalen Hill ins Auto. Schumi schliddert danach wie ein Kunstfahrer auf zwei

Schumachers Teamkollege Verstappen sitzt im Feuerball. Benzin war beim Tankstopp über den Benetton gespritzt. Es ging glimpflich aus

Rädern von der Piste, Hill bricht die Aufhängung. Schumi klammert sich mit seinen Händen an den Streckenzaun wie ein Löwe an seinen Käfig. Als Hill nicht mehr zur nächsten Runde kommt, lösen sich seine Hände vom Zaun. Seine Knie werden weich. Die ganze Benetton-Box weint.

SCHUMI IST WELTMEISTER.

England tobt. „Ratte", „Hunne", „Straßenräuber" beschimpft Englands Presse unseren ersten Formel-1-Weltmeister. Zu tief sitzt der Stachel über den verlorenen Titel von Damon Hill.

Aber der selbst sagt dem BILD-Reporter und Autor dieses Buches, Helmut Uhl, am nächsten Tag beim Einchecken am Flughafen in Australien: „Es war zum Teil meine eigene Schuld, dass ich nicht gebremst habe. Aber ein Formel-1-Fahrer hat einen Rhythmus wie ein Marathonläufer. Ich war so in meinem Fahrrhythmus, dass ich Michael einfach nicht ausweichen konnte, als er auf mich zugeflogen kam."

Schumi in seinem ersten WM-Himmel.

Schumi gibt Japan-Sieger Hill einen Klapps auf den Helm. In Australien rasseln die beiden zusammen. Schumi segelt auf zwei Rädern raus. Er denkt: Alles aus. Und wartet. Hill kommt nicht mehr. Er reckt die Faust. Die Weltmeister-Faust

Das schrieb Bild

Schumacher
Sein traurigster Sieg
Ferrari-Berger gab weinend auf

2. 5. Nach dem tragischen Imola-Wochenende

Schumi floh mit blonder Perücke
Maulkorb von Benetton ● Hat er seinen Motor überhitzt?

2. 8. Nach Hockenheim-Ausfall

Die Feuerhölle von Hockenheim ist aufgeklärt
Neue schlimme Vorwürfe gegen Benetton-Team
Hubschrauber überwacht Schumi

11. 8. GP von Ungarn

Betrug! Was wußte Schumacher?

Chaos um Schumi
Benetton droht jetzt das WM-Aus

12. 8. und 30. 8. Zum Skandal-Jahr

Der Benetton-Skandal
Es berichtet HELMUT UHL
Schumi – bloß weg von diesem Schummel-Team

Jubel, Trubel, Glückseligkeit. Schumi auf den Schultern seiner Chefs, in den Händen von Briatore, in den Armen von Corinna

Nein, ich hab' noch lange nicht genug ... Nach Schampus gab's bis in den frühen Morgen Barcadi-Cola

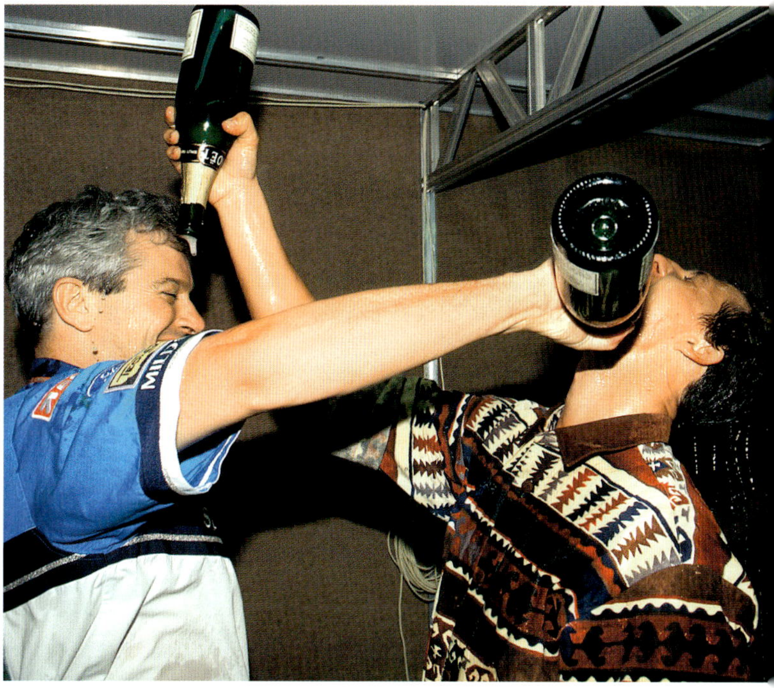

Wie du mir, so ich dir. Die Champagner-Doppeldusche mit seinem Renningenieur Pat Symonds

Schumi legte los wie ein Weltmeister: sechs Siege in sieben Rennen. Zum Schluss kam Hill gefährlich nahe ran. Am Ende entschied ein Punkt

		1 Brasilien	2 Pazifik / Aida	3 San Marino	4 Monaco	5 Spanien	6 Kanada	7 Frankreich	8 Großbritannien	9 Deutschland	10 Ungarn	11 Belgien	12 Italien	13 Portugal	14 Europa	15 Japan	16 Australien	TOTAL
1.	M. SCHUMACHER	10	10	10	10	6	10	10	-	-	10	-	-	-	10	6	-	**92**
2.	D. HILL	6	-	1	-	10	6	6	10	-	6	10	10	10	6	10	-	**91**
3.	G. BERGER	-	6	-	4	-	3	4	-	10	-	-	6	-	2	-	6	**41**
4.	M. HÄKKINEN	-	-	4	-	-	-	-	4	-	-	6	4	4	4	-	-	**26**
5.	J. ALESI	4	-	-	2	3	4	-	6	-	-	-	-	-	-	4	1	**24**
6.	R. BARRICHELLO	3	4	-	-	-	-	-	3	-	-	-	3	3	-	-	3	**19**
7.	M. BRUNDLE	-	-	-	6	-	-	-	-	-	3	-	2	1	-	-	4	**16**
8.	D. COULTHARD	-	-	-	-	-	2	-	2	-	-	3	1	6	-	-	-	**14**
9.	N. MANSELL	-	-	-	-	-	-	-	-	-	-	-	-	-	-	3	10	**13**
10.	J. VERSTAPPEN	-	-	-	-	-	-	-	-	-	4	4	-	2	-	-	-	**10**
11.	O. PANIS	-	-	-	-	-	-	-	-	6	1	-	-	-	-	-	2	**9**
12.	M. BLUNDELL	-	-	-	-	4	-	-	-	-	2	2	-	-	-	-	-	**8**
13.	H. FRENTZEN	-	2	-	-	-	-	3	-	-	-	-	-	-	1	1	-	**7**
14.	N. LARINI	-	-	6	-	-	-	-	-	-	-	-	-	-	-	-	-	**6**
	C. FITTIPALDI	-	3	-	-	-	-	-	-	3	-	-	-	-	-	-	-	**6**
	E. IRVINE	-	-	-	-	1	-	-	-	-	-	-	-	-	3	2	-	**6**
17.	U. KATAYAMA	2	-	2	-	-	-	-	1	-	-	-	-	-	-	-	-	**5**
18.	E. BERNARD	-	-	-	-	-	-	-	-	4	-	-	-	-	-	-	-	**4**
	A. DE CESARIS	-	-	-	3	-	-	1	-	-	-	-	-	-	-	-	-	**4**
	K. WENDLINGER	1	-	3	-	-	-	-	-	-	-	-	-	-	-	-	-	**4**
	P. MARTINI	-	-	-	-	2	-	2	-	-	-	-	-	-	-	-	-	**4**
22.	G. MORBIDELLI	-	-	-	-	-	-	-	-	2	-	1	-	-	-	-	-	**3**
23.	E. COMAS	-	1	-	-	-	-	-	-	1	-	-	-	-	-	-	-	**2**
24.	M. ALBORETO	-	-	-	1	-	-	-	-	-	-	-	-	-	-	-	-	**1**
	J. LEHTO	-	-	-	-	-	1	-	-	-	-	-	-	-	-	-	-	**1**

1995

Die Freude hängt am Haken. Michael Schumacher hat nach der Zieldurchfahrt vor lauter Jubel über seinen ersten Hockenheim-Sieg den Motor abgewürgt. Auch seine Fans werden diesen 30. Juli 1995 nie vergessen

Der Gefeierte

Das Jahr, in dem Schumi seinen Titel verteidigt. Frankreich testet Atomwaffen. Bayern streitet ums Kruzifix im Klassenzimmer. Christo verhüllt den Reichstag

Die Fans flippen aus, drei küssen den Asphalt der Rennstrecke. Sie lieben ihren Schumi

In diesem Jahr sagt Michael Schumacher drei Mal JA. JA zum Leben, JA zur Liebe, JA zum Erfolg.

Beginnen wir mit dem wichtigsten. Dem Leben.

Nach weltmeisterlichem Saison-Auftakt, einem Sieg in Brasilien, machen Michael Schumacher, seine Verlobte Corinna Betsch, Manager Willi Weber, Physiotherapeut Harald Hawelka noch ein bisschen Urlaub. Das nächste Rennen ist ja auch in Südamerika (Argentinien), da lohnt es sich nicht, nach Hause zu fliegen.

Sie fahren aufs Meer hinaus. Schumi, Hawelka, ein Tauchlehrer und der Hotelmanager gehen tauchen. Willi Weber und Corinna bleiben auf dem Boot.

Nach einer halben Stunde tauchen die vier auf. Der Benetton-Weltmeister erzählt: „Wir waren so zwischen 25 und 30 Meter tief. Ich sah, wie sich der Anker löste, machte mir aber nichts daraus. Als wir auftauchten, sah ich das Boot nur noch als kleinen Punkt. Meine drei Kollegen waren ziemlich schlapp, ließen sich

einfach auf dem Meer treiben. Ich habe den Bleigürtel und alle schweren Sachen losgemacht und bin losgeschwommen. Nur die Pressluftflasche musste ich mitschleppen, weil ich sie nicht von der Schwimmweste losgekriegt habe."

Schumi winkt, schreit laut, pfeift. Keine Reaktion auf dem Boot.

Der deutsche Formel-1-Weltmeister krault um sein Leben.

Manager Weber später: „Wir hatten Musik an Bord, haben uns gesonnt und nicht gemerkt, dass wir abgetrieben wurden." Weber wurde unruhig. „Ich sah, dass sich draußen im Wasser etwas bewegte. Wir sofort auf den Punkt zu – es war ein völlig erschöpfter Michael." Später beichtet der Gerettete: „Ich wollte zuerst meine Pressluftflasche nach jemandem werfen, dann dachte ich, das ist zu gefährlich ..."

„Diesmal aber dachte ich, es ist aus und vorbei."

Auch bei Tempo 200: Der Benetton in Buenos Aires als U-Boot ...

In Argentinien, zum zweiten Rennen angekommen, lässt ihn sein verzweifelter Kampf im Meer immer noch nicht los. „Der Lenkungsdefekt von Sao Paulo war ein grässliches Erlebnis, und doch verspürte ich keine Angst. Diesmal aber dachte ich, es ist aus und vorbei." Mulmig ist es Schumacher aber auch schon, bei diesem Lenkungsdefekt. Beim Training in Brasilien fliegt er mit Tempo 200 in der „Ferra Dura"-Kurve ab und gesteht: „In der Kurve vorher hatte ich für Sekundenbruchteile ein komi-

Sie lassen ihre Gefühle und ihre Autos fliegen. Die ewigen WM-Rivalen Schumacher und Hill crashen in Silverstone – Aus für beide

Ja, ja, so blau, blau, blau blüht d… – zweite WM-Titel. Die Benetto… Crew empfängt ihren alten un… neuen Champion nach de… Sieg in Aid…

sches Gefühl in der Lenkung, die dann urplötzlich versagte." Genau so muss Senna ein Jahr vorher gefühlt haben ...

Der Einschlag ist so heftig, dass Benetton-Boss Briatore das Rennen absagen will, wenn man den Grund des Defekts nicht ausmachen kann. Man kann. Ein Bolzen im Kreuzgelenk ist gebrochen. In einer Kfz-Werkstatt in Interlagos („Techspeed") bauen die Benetton-Mechaniker in der Nacht neue Bolzen. Schumi startet, gewinnt. Und übersteht gleich beim nächsten Rennen in Imola noch mal einen schweren Crash. Nach einer Schweigeminute für den im letzten Jahr hier tödlich verunglückten Senna fliegt Schumi mit Tempo 220 in der „Piratella"-Kurve ab. Benetton Schrott. Fahrer unverletzt.

1994 war schon ein verrücktes Jahr. Obwohl Schumi von 16 Rennen nur 12 fuhr, wurde er Weltmeister. 1995 gehen die Kuriositäten weiter. In Brasilien gibt es Ungereimtheiten bei Schumachers Sprit. Der Weltverband FIA findet später mit Hilfe von Flugzeug-Ingenieuren in der Software von Benetton ein Programm, in dem die verbotene Traktionskontrolle versteckt, aber nicht nachzuweisen war.

„Der soll still sein. Wenn ich aufgemacht hätte, wäre er in den Kies gesegelt."

„Man sollte nicht mit Mike Tyson in den Ring oder nicht mit Michael Schumacher auf die Rennstrecke", höhnt Damon Hill schon vor der Saison. Er tut's, und es kracht. Zunächst verbal.

In Frankreich stänkert Schumi: „Einmal ging Hill knapp vor mir vom Gas, möglicherweise hat er sogar gebremst. Ich lernte heute sehr viel über seinen Charakter. Wenn er das noch einmal macht, weiß ich, was ich zu tun habe."

England, Silverstone. 46. Runde. Schumi führt. Hill will in der Priory-Kurve gewaltsam vorbei. Beide raus. Das Duell der Worte.

Schumacher: „So gewinnt man keinen Grand Prix und keinen Titel."

Hill: „Michael bremste so spät, dass sein Reifengummi brannte. Er zog auf meine Linie, als wäre ich gar nicht da gewesen."

Schumacher: „Der soll still sein. Wenn ich aufgemacht hätte, wäre er in den Kies gesegelt."

Damon Hills Chef Frank Williams entschuldigt sich bei Schumacher für den Unfall und sagt: „Michael hat einen großen Fehler – er fährt nicht für uns."

Die Streithähne kommen nach Hockenheim.

Hill tief gekränkt, Schumacher selbstbewusst. Der Engländer bietet Schumacher ein Versöhnungsgespräch an. Sonntag vor dem Rennen während der Fahrerpräsentation soll es sein.

Schumi: „Das Angebot zeigt, dass er sich schuldig fühlt."

Hill eingeschnappt: „Wenn er das so sieht, vergeht mir schon wieder die Lust, mit ihm zu sprechen."

Ecclestone schreitet ein. Er verbietet das Gespräch, erklärt: „Wenn Hill wieder so ein Manöver macht wie in Silverstone, droht ihm eine Sperre."

Kindergarten? Nein, Formel 1. Damon Hill, Trainingsschnellster vor Schumacher, schießt sich beim Rennen selbst raus. Zu Beginn der zweiten Runde rutscht er in der Nordkurve in die Leitplanken. Über 100 000 jubeln. Schumi siegt zum ersten Mal in Hockenheim und strahlt: „Ich fühle mich wie im siebten Himmel."

Was er nicht sagt, passiert zwei Tage später.

Es geht dann sogar noch ein bisschen himmlischer. „Einzeln sind wir Worte, gemeinsam ein Gedicht." So steht's auf den Einladungen.

Michael Schumacher sagt am 1. August JA zu Corinna. Standesbeamtin Martina Königsbauer hat die beiden im Gemeindehaus Kerpen getraut. Um 17.46 Uhr berühren sich die Lippen von Michael und Corinna – der Hochzeitskuss.

Vier Tage später werden sie in der Barockkapelle auf dem Petersberg bei Bonn von Pfarrer Heinzpeter Schöning kirchlich getraut. Eine Hochzeit mit viel Pomp, Protz und Aufregung. Deutschland ist traurig, weil der Rennheld seine Fans aussperrt, sich hinter Tüchern und Schirmen vor der Öffentlichkeit versteckt und die Fotos exklusiv an ein Magazin (allerdings für einen guten Zweck) verkauft hat.

Vom Hochzeitsanzug in den Rennoverall. Der frisch vermählte Weltmeister rast in Belgien in einem legendären Rennen vom 16. Startplatz aufs Siegerpodest! In Monza schießen sich Schumi und Hill wieder ab. Hill tobt: „Dem gehört die Lizenz entzogen." Dem Engländer im besseren Williams gehen die Nerven durch, weil Schumacher im schwächeren Benetton seinem zweiten Titel entgegenrast.

Der Deutsche ist auch in diesem verrückten Jahr durch nichts aus der Ruhe zu bringen. Auch nicht von einem geheimnisvollen Drohanruf vor dem Monza-Wochenende. Die italienische Polizei nimmt die Sache sehr ernst. Rund um die Uhr werden Michael und Corinna von schwer bewaffneten Spezialagenten der Anti-Mafia-Einheit „Digos" bewacht. Marcello Carnimeo, Polizeichef von Mailand, sagt: „Schumacher hat sich an uns gewandt und um Schutz gebeten. Meine Männer begleiten ihn jede Minute bis zur Abreise."

Manchmal fragt man sich: Wie steckt er das alles weg?

Schon zwei Wochen nach dem MP-Schutz-Rennen in Monza wird er

Das Glück strahlt zweifach: Die frisch vermählten Corinna und Michael Schumacher nach ihrem JA am 1. August 1995 vor dem Standesamt Kerpen-Monheim

DAS SCHRIEB Bild

Angst vor Attentat
1200 Polizisten beschützen Schumi

24. 3. Vor Brasilien-Rennen

Der Schumi-Schock
Lenkung gebrochen
Unfall wie bei Senna
Der Aufprall

25. 3. Training in Brasilien

Schumi Mein Todeskampf im Meer
Er erzählt in BILD: „Bis zum Horizont war nur Wasser – ich dachte zum erstenmal ans Sterben"

7. 4. Nach Tauch-Urlaub

Zum erstenmal gewinnt ein Deutscher Hockenheim
Schumi Mein größter Triumph
...und jetzt Hochzeit

31. 7. Nach Hockenheim-Sieg

Schumi & Corinna
Der Hochzeits-Kuß
Trauung erst im 2. Anlauf

2. 8. Nach Standesamt

Schumi 5700 Mark pro Stunde – auch wenn er schläft
Aber wird er bei Ferrari glücklich?

15. 8. Nach Ferrari-Vertrag

Vater und Sohn des Erfolgs: Schumi hängt sich an Benetton-Boss Flavio Briatore. Es war ihre zweite Weltmeisterschaft hintereinander

Ein bisschen Karneval vorm letzten Rennen in Australien. Die Entscheidung ist gefallen, da machen Briatore und Schumi jeden Spaß mit

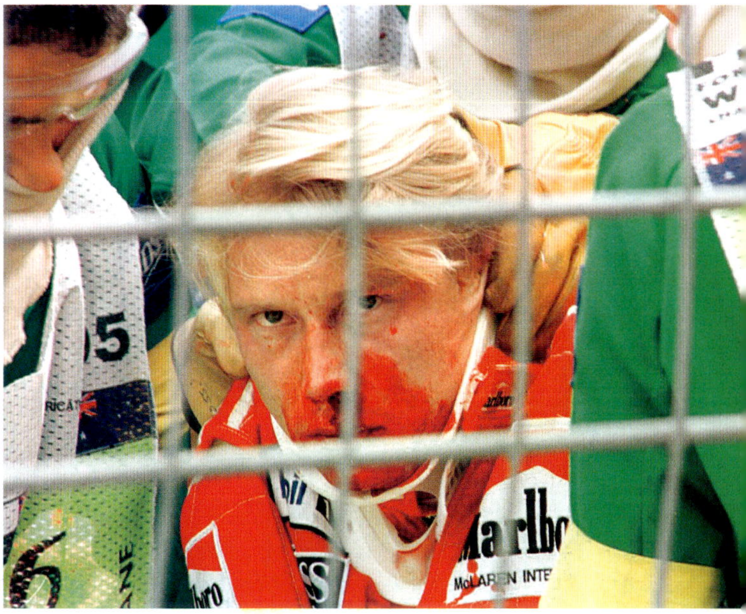

Die Formel 1 und ihr zweites Gesicht: Mika Häkkinen verunglückt im Training von Adelaide schwer. Er hat einen Schutzengel

Zweiter in Portugal, danach Sieg am Nürburgring, und dann der Titel beim drittletzten Lauf in Aida!

In welchem Himmel ist er jetzt bloß? Antwort des Doppel-Weltmeisters: „Das spezielle WM-Gefühl, das ich letztes Jahr in Adelaide spürte, fehlte diesmal. Ich war zu betrunken ...“

Beim Saisonausklang in Adelaide holt Schumacher wieder das hässliche Gesicht der Formel 1 ein. Mika Häkkinen verunglückt im Training schwer. Sein McLaren-Mercedes knallt mit über Tempo 200 in eine Mauer. Künstliches Koma.

Schumacher reagiert betroffen: „Da fragt man sich schon manchmal, ob das Ganze noch Sinn macht.“

Häkkinen ist bald wieder gesund. Sie rasen weiter.

Nur die ersten fünf Rennen konnte Hill im stärkeren Williams mithalten, dann zog Schumacher auf und davon. Drei Rennen vor Schluss machte er in Aida alles klar

		1 Brasilien	2 Argentinien	3 San Marino	4 Spanien	5 Monaco	6 Kanada	7 Frankreich	8 Großbritannien	9 Deutschland	10 Ungarn	11 Belgien	12 Italien	13 Portugal	14 Europa	15 Pazifik / Aida	16 Japan	17 Australien	TOTAL
1.	M. SCHUMACHER	10	4	-	10	10	2	10	-	10	-	10	-	6	10	10	10	-	**102**
2.	D. HILL	-	10	10	3	6	-	6	-	-	10	6	-	4	-	4	-	10	**69**
3.	D. COULTHARD	6	-	3	-	-	-	4	4	6	6	-	-	10	4	6	-	-	**49**
4.	J. HERBERT	-	3	-	6	3	-	-	10	3	3	-	10	-	2	1	4	-	**45**
5.	J. ALESI	2	6	6	-	-	10	2	6	-	-	-	-	2	6	2	-	-	**42**
6.	G. BERGER	4	1	4	4	4	-	-	-	4	4	-	-	3	-	3	-	-	**31**
7.	M. HÄKKINEN	3	-	2	-	-	-	-	-	-	-	-	6	-	-	-	6	-	**17**
8.	O. PANIS	-	-	-	1	-	3	-	3	-	1	-	-	-	-	-	2	6	**16**
9.	H. FRENTZEN	-	2	1	-	1	-	-	1	-	2	3	4	1	-	-	-	-	**15**
10.	M. BLUNDELL	1	-	-	-	2	-	-	2	-	-	2	3	-	-	-	-	3	**13**
11.	R. BARRICHELLO	-	-	-	-	-	6	1	-	-	-	1	-	-	3	-	-	-	**11**
12.	E. IRVINE	-	-	-	2	-	4	-	-	-	-	-	-	-	1	-	3	-	**10**
13.	M. BRUNDLE	-	-	-	-	-	-	3	-	-	-	4	-	-	-	-	-	-	**7**
14.	G. MORBIDELLI	-	-	-	-	-	1	-	-	-	-	-	-	-	-	-	-	4	**5**
	M. SALO	-	-	-	-	-	-	-	-	-	-	-	2	-	-	-	1	2	**5**
16.	J. BOUILLON	-	-	-	-	-	-	-	-	2	-	-	1	-	-	-	-	-	**3**
17.	A. SUZUKI	-	-	-	-	-	-	-	-	1	-	-	-	-	-	-	-	-	**1**
	P. LAMY	-	-	-	-	-	-	-	-	1	-	-	-	-	-	-	-	1	**1**

1996

Der Ratlose

Erstes Ferrari-Jahr, sieben Ausfälle. Von Sabotage ist die Rede. Und von einer Chaos-Truppe. Zweifel kommen. Ein Krisensommer

Wer sein Auto liebt, der schiebt. GP von Argentinien

Hey, wo ist der Abschleppwagen? Training in Brasilien

Notsitz auf der Ladefläche. Training in Imola

Es ist zum Davonlaufen. Training in Portugal

1996

Das Jahr, in dem Schumi im Ferrari sitzt. Diana trennt sich von Charles. Bierhoffs Golden Goal bringt EM-Titel. Der Düsseldorfer Flughafen brennt. Weißflog springt nicht mehr

Schumi übertreibt. Er will mehr aus seinem Ferrari herausholen als drinsteckt – und fliegt beim Training in Spa ab. Zwei Tage später gewinnt er

Es war ein Höllen-Kommando. 16 Jahre hatte Ferrari keinen WM-Titel mehr geholt (zuletzt Jody Scheckter 1979). Jetzt sollte es der deutsche Wunderknabe mit seinen zwei frischen WM-Titeln im Gepäck richten.

„Wenn Ferrari mit Michael Schumacher nicht Weltmeister wird, dann werden sie es nie mehr."

Die Worte waren Auftrag. Gesprochen von Gianni Agnelli (am 24. Januar 2003 im Alter von 82 Jahren gestorben), dem damals größten Mann Italiens nach dem Papst. Der große Fiat-Ferrari-Herrscher hat es so gewollt.

Michael Schumacher also bei Ferrari. Das Höchste und Größte, was es für einen Formel-1-Fahrer gibt. Normalerweise. Nicht für Schumi. „Ferrari hat mir damals ganz ehrlich noch nicht so viel bedeutet. Ich hatte ein gutes Angebot von McLaren, und die gehörten damals eher zu den aufstrebenden Teams", sagt Michael Schumacher später.

Dazu passt sein erster Eindruck. Er war furchtbar.

Lassen wir Michael doch selbst erzählen. „Es war ein Schock für mich, als ich im Herbst '95 zum ersten Mal ins Hauptquartier nach Maranello kam. Ich dachte, da erwartet dich jetzt etwas ganz Großes. Schließlich war ich ja nur Benetton gewohnt. Und jetzt laufe ich durch die Rennmotoren-Fabrik von Ferrari, und es sieht aus wie in der Werkstatt meines Go-Kart-Kumpels."

„Hoffentlich ist er nicht nur schön, sondern auch schnell und zuverlässig."

Schumi weiß sofort, was da an Arbeit auf ihn zukommt. Er weiß, er muss hier nicht nur schnell Auto fahren. Er weiß, er muss hier alles umkrempeln und deutsche Ordnung reinbringen. Da waren sie bei ihm, bei dem die Strümpfe im Schrank genauso gefaltet sein müssen wie die Unterhosen, gerade richtig.

Als Schumacher am 16. Februar 1996 um 11.44 Uhr seinen neuen Dienstwagen F 310 enthüllt, läuft ihm dennoch ein Schauer über den Rücken. Und ahnungsvoll fügt er hinzu: „Hoffentlich ist er nicht nur schön, sondern auch schnell und zuverlässig."

Na, da hatte er einen Volltreffer gelandet mit dem „zuverlässig".

Beim Saisonstart in Australien versagen die Bremsen, in Argentinien bricht der Heckflügel, in Imola explodiert eine Bremsscheibe. Dann drei peinliche Ausfälle hintereinander. In Montreal fliegt in der Boxengasse eine Antriebswelle aus dem Auto, in Frankreich bleibt der Ferrari zur Abwechslung schon mal in der Einführungsrunde mit Motorschaden liegen, und in England versagt die Hydraulik.

BILD schreibt: „Ferrari tutto kaputto". Il Mattino schreibt: „Ferrari, eine einzige Katastrophe". Und „La Stampa" urteilt: „Schumi ist mit Ferrari endgültig auf der Standspur gestrandet." Die italienische Presse fordert den Kopf von Teamchef Jean Todt.

**2. Juni, Barcelona.
Erster Sieg im Ferrari**

Am Deutschen kann's nicht liegen, sagen sich die Italiener. Der ist mit Benetton, dem kleinen italienischen Rennstall, immerhin zweimal hintereinander Weltmeister geworden. Also: Weg mit Todt! Aber wer Michael Schumacher kennt, der weiß: Der kann loyal sein bis zum Schaffott. Und so stellt sich Schumi vor die Italiener und sagt cool: „Entweder wir gehen beide oder keiner." Die Äuglein des kleinen und emsigen Todt blitzen – eine Freundschaft fürs Leben ist geboren.

Die ersten Siege übrigens auch. Denn wenn sie mal ins Ziel kommen, dann richtig.

Nach seinem ersten Podiumsplatz mit Ferrari in Brasilien (Dritter, allerdings überrundet) und einem zweiten Rang am Nürburgring: der erste Sieg in Spanien!

Es hat geschüttet wie aus Eimern. Man hätte keinen Hund vor die Türe gejagt. Aber die Formel-1-Asse jagen um den Kurs von Catalunya. Gischt. Ein roter Punkt. Wie der von einem Zielfernrohr auf dem Zielobjekt. So rast dieser rote Punkt durch die dunkle Regenwand.

Schumacher. Michael Schumacher im Ferrari. Er siegt. Sein erster Sieg im Ferrari! BILD schreibt: Schumi, du Regengott.

Typisch für die zwei Gesichter des Michael Schumacher ist eine Szene unmittelbar nach diesem Sieg. Da steht er unter diesem enormen Druck des Gewinnenmüssens, mit einem Auto, das nach den ersten Ausfällen als „rollende Mülltonne" verspottet wurde, und zupft einen Journalisten im Anorak unmittelbar nach der Pressekonferenz am Ärmel: „Komm' mal mit." Die beiden setzen sich ins Treppenhaus, und er fragt den Journalisten: „Wie geht's deiner Freundin? Habt ihr einen schönen Urlaub gehabt?"

Das sind diese unberechenbare Züge an dem Mann, der eine Sportart geprägt hat wie kaum ein anderer. Superstar vor der Weltpresse, Kumpeltyp auf der Treppe. Schalter umgelegt von einer zur anderen Sekunde.

Diesen Kippschalter-Schumi gibt's ganz oft. Im kleinen Kreis erzählt er nach dem gigantischen Regen-Sieg von Barcelona zum Beispiel: „Ich werde mir eine Heizung in den Ferrari bauen lassen. Ich fror wie ein Schneider. Auf dem Podest konnte ich die Hymne nicht hören, so sehr klapperten meine Zähne."

Welche Leistung Michael Schumacher an jenem 2. Juni 1996 voll-

Schumacher und Jean Todt in Spa

„Ich habe gebetet, dass das Auto hält"

Sein erster Sieg im Ferrari, Michael Schumacher hat wieder mal Geschichte geschrieben.

BILD: Herr Schumacher, haben Sie damit gerechnet?

Schumacher: „Niemals! Ich hätte keinen Pfennig auf mich gesetzt. Mein Auto lag bisher immer miserabel im Regen. In Sao Paulo, in Monte Carlo. Aber schon beim Aufwärm-Training habe ich gemerkt, dass die Abstimmung diesmal hingehauen hat."

BILD: Was war beim Start los?

Schumacher: „Der Start war eine Katastrophe! Ich hatte wieder Probleme mit der Kupplung. Mich haben jede Menge Autos überholt. Und jetzt weiß ich auch, wie schlimm es ist, von hinten zu starten – ich hab' nichts gesehen!"

BILD: Und im Rennen?

Schumacher: „Ich konnte schon in der 1. Runde wieder ein paar Autos überholen. Ab der 35. Runde habe ich so komische Geräusche am Auto gehört. Der Ferrari ist von da an nur noch mit acht, statt mit zehn Zylindern gefahren. Mir haben dadurch auf der Geraden rund 10 Stundenkilometer gefehlt. Ich habe nur noch gebetet, dass das Auto hält."

BILD: Wie fühlen Sie sich jetzt?

Schumacher: „Unglaublich, es ist ein tolles Gefühl. Ich kann es mit Worten kaum beschreiben."

Das schrieb Bild

Schumi, worauf hast du dich nur eingelassen?

Ferrari tutto kaputto

Jede Menge Ärger unter roter Hülle

22. 2. Nach Test-Pleiten

Schumi, du Regengott

Sensations-Sieg in Spanien

3. 6. Nach 1. Ferrari-Sieg

Schumi: Ferrari unterm Hintern weggequalmt

Auf den Schrott mit dieser Gurke!

1. 7. Nach Magny Cours

Zweiter Sieg! Schumi: Ich fühle mich wie ein König

26. 8. Nach Spa

Schumis größter Tag

Baby & Sieg

● Corinna in der 14. Woche: „Wir sind wahnsinnig glücklich"

● In Monza fegte er die Konkurrenz von der Strecke

9. 9. Nach Erfolg in Monza

Vaterfreuden und Monza-Sieg: ein Sprung ins Glück

40 Sekunden nach dem Start hängt der Ferrari in den Leitplanken von Monaco. Schumacher: „Mein Fehler“

bringt, sagt das Zitat von Jacques Villeneuve aus, sicher einer der Mutigeren der Formel 1 und nicht gerade ein Schumi-Freund. „Ich fuhr auf der letzten Rille. Plötzlich fliegt ein rotes Auto an mir vorbei. Ich dachte: O Gott, o Gott, die Formel 1 ist nichts für mich.“

Na, klar war dieses erste Ferrari-Jahr mit all den peinlichen Ausfällen schrecklich für Schumi. „Man mußte damit einfach rechnen. Die Mechaniker waren und sind super – aber die ganze Organisation ...

Ich habe aber auch Fehler gemacht. In Monte Carlo zum Beispiel habe ich mein Auto in die Leitplanken gesetzt und vielleicht so den ersten Sieg weggeworfen. Das war meine Schuld, keine Frage.“

„Corinna ist schwanger. Ich werde Vater.“

Es sollte später alles besser werden. Viel besser. Mit der Organisation. Und mit Schumi. Aber wie sagt man doch so schön: Gut Ding will Weile haben.

Bei Ferrari ist man natürlich ungeduldig. Schließlich durfte der Pfarrer von Maranello in den letzten fünf Jahren vor Schumacher nur zweimal die obligatorischen Siegesglocken läuten: In Hockenheim ’94 (Berger) und in Kanada ’95 (Alesi).

Es kommt für Schumi und Ferrari nach Barcelona aber noch toller. Schumi siegt auch noch in Spa und in – MONZA! Drei Siege im ersten Jahr, die hat man ob der vielen Pannen gar nicht mehr drauf. Und auch noch einer in Italien! Schumi war glücklich. Doppelt glücklich. Er verkündet in Monza: „Corinna ist schwanger. Ich werde Vater.“

Im kleineren Kreis ist er wieder der Schumacher, den er so gerne verbirgt und den man mögen muss. Er erzählt: „Ich hatte so viel Vorsprung auf Alesi (18 Sekunden, d. Red.), dass ich im Auto an unser Baby im Bauch von Corinna dachte. Und da schoss mir irgendwie durch den Kopf: ‚Wenn ich jetzt rausfliege, kann ich ihm später erzählen, dass ich in Monza nur von der Piste gesegelt bin, weil ich an dich dachte.‘“

Was am Ende dieser Saison kaum einer registriert: Ferrari ist Zweiter in der Konstrukteurs-WM. Schumi verrät: „Wir hatten uns eigentlich drei Jahre bis zum Gewinn des WM-Titels gegeben, aber plötzlich fingen wir an, schon von 1997 zu träumen.“

Nach zwei verlorenen WM-Fights gegen Schumacher ist Damon Hill endlich am Ziel. Erstaunlich: Schumi landet trotz Pannen auf Rang 3

		1 Australien	2 Brasilien	3 Argentinien	4 Europa	5 San Marino	6 Monaco	7 Spanien	8 Kanada	9 Frankreich	10 Großbritannien	11 Deutschland	12 Ungarn	13 Belgien	14 Italien	15 Portugal	16 Japan	TOTAL
1.	D. HILL	10	10	10	3	10	-	-	10	10	-	10	6	2	-	6	10	**97**
2.	J. VILLENEUVE	6	-	6	10	-	-	4	6	6	10	4	10	6	-	10	-	**78**
3.	M. SCHUMACHER	-	4	-	6	6	-	10	-	-	-	3	-	10	10	4	6	**59**
4.	J. ALESI	-	6	4	-	1	-	6	4	4	-	6	4	3	6	3	-	**47**
5.	M. HÄKKINEN	2	3	-	-	-	1	2	2	2	4	-	3	4	4	-	4	**31**
6.	G. BERGER	3	-	-	-	4	-	-	-	3	6	-	-	1	-	1	3	**21**
7.	D. COULTHARD	-	-	-	4	-	6	-	3	1	2	2	-	-	-	-	-	**18**
8.	R. BARRICHELLO	-	-	3	2	2	-	-	-	-	3	1	1	-	2	-	-	**14**
9.	O. PANIS	-	1	-	-	-	10	-	-	-	-	-	2	-	-	-	-	**13**
10.	E. IRVINE	4	-	2	-	3	-	-	-	-	-	-	-	-	-	2	-	**11**
11.	M. BRUNDLE	-	-	-	1	-	-	-	1	-	1	-	-	-	3	-	2	**8**
12.	H. FRENTZEN	-	-	-	-	-	3	3	-	-	-	-	-	-	-	-	1	**7**
13.	M. SALO	1	2	-	-	-	2	-	-	-	-	-	-	-	-	-	-	**5**
14.	J. HERBERT	-	-	-	-	-	4	-	-	-	-	-	-	-	-	-	-	**4**
15.	P. DINIZ	-	-	-	-	-	-	1	-	-	-	-	-	-	1	-	-	**2**
16.	J. VERSTAPPEN	-	-	1	-	-	-	-	-	-	-	-	-	-	-	-	-	**1**

1997

Die Schock-Sekunde im Finale von Jerez. Schumi rammt seinen Ferrari in den Seitenkasten von Villeneuve, als der in „Turn 1“ innen durchschlüpfen will – und rammt sich aus der WM

Der Brutale

Sie fahren getrennte Wege. Schumacher unmittelbar nach dem Rammstoß in den Kies, Villeneuve im Williams Richtung Titel

Das Jahr, in dem Schumi Villeneuve rammt. „Titanic" kommt ins Kino. Die A-Klasse kippt beim Elch-Test. Lady Di kommt ums Leben. Jan Ullrich gewinnt die Tour

Sie tüfteln weiter in Maranello. Aber vor der Punktejagd gehen sie auf Menschenjagd ... Zunächst kann Ferrari Ross Brawn und Rory Byrne von Benetton loseisen. Das Technik- und Taktik-Genie Brawn und der Chassis-Tüftler Byrne waren schon bei Schumis zwei Weltmeisterschaften 1994 und 1995 die entscheidenden Männer im Hintergrund. Brawn erinnert sich: „Ich war bei Jaguar, und wir waren in der Sportwagen-Weltmeisterschaft überlegen. Es wurde für uns nur gefährlich, wenn ein Schumacher im Mercedes gegen uns fuhr."

Er fährt in diesem Jahr gegen das Schicksal – und erfährt, dass es stärkere Dinge im Leben gibt, als auf Teufel komm raus gewinnen zu wollen.

Die Eigenschaft, nicht verlieren zu können, stempelt Schumi in diesem Jahr zum großen Verlierer. Der dreimalige Weltmeister Jackie Stewart erkennt: „Schumacher gehört zu einem Typus Rennfahrer, der fast zwanghaft nicht verlieren kann und der sich deshalb streng auf die eigenen Interessen konzentriert – im Zweifelsfall rücksichtslos und auf Kosten anderer."

Erst mal kämpft sich Schumi bewundernswert mit seiner „rollenden Baustelle" (Schumi über seinen Ferrari) an die WM-Spitze. Es grenzt an ein Wunder, dass er bereits in seinem zweiten Jahr bei Ferrari nach dem Titel greift. Fünf Siege hat er eingefahren, kommt mit 78 Punkten zum letzten Rennen nach Jerez. Jacques Villeneuve hat 77 Punkte. Es knistert.

Mitten in den ultraspannenden WM-Fight saust dem Ferrari-Piloten eine sehr private Nachricht durch den Kopf: Seine Eltern Rolf und Elisabeth haben sich getrennt.

Abschlusstraining. Villeneuve, Schumi und Frentzen fahren auf die Tausendstelsekunde die gleiche Zeit! Einmalig in der Geschichte der Formel 1. Villeneuve steht auf Platz 1, Schumi auf 2, Frentzen auf 3. Die Reihenfolge, wer zuerst die Zeit im Training gefahren hatte, entscheidet.

Jacques Villeneuve überkommt ob der gleichen Situation wie 1994 in Adelaide (Schumi hatte einen Punkt Vorsprung vor Hill) eine böse Vorah-

Ein letzter Blick auf die verlorene WM

nung: „Ich weiß, was auf mich zukommt. Aber ich hoffe, Michael bleibt diesmal fair.“ Selbst FIA-Präsident Max Mosley warnte vor dem Start: „Sollte es zu Unsportlichkeiten kommen, greifen wir durch.“

Soll man es Blackout nennen, was an jenem 26. Oktober 1997 passiert? Oder blinde Titel-Wut? Oder Dummheit?

Es ist die 48. Runde. Schumi erfährt über Bordfunk, dass irgendetwas mit seinem Auto nicht stimmt. Er sieht, wie Villeneuve, der gerade frische Reifen geholt hat, innen vorbeisticht. Schumi lenkt nach innen. Einmal. Zweimal. Rumms. Beim zweiten Versuch trifft er Villeneuve in den linken Seitenkasten. Schumi fliegt ins Kiesbett – Villeneuve seinem ersten WM-Titel entgegen.

„Jacques kam so schnell angeflogen, dass er garantiert ins Gras geflogen wäre, wenn er mich nicht getroffen hätte.“

Schumi verbarrikadiert sich im Ferrari-Motorhome. Seine Trutzburg. Draußen warten Hunderte Journalisten auf eine Erklärung des Ferrari-Fahrers. Schweigen. Hätte er eine halbe Stunde danach gesagt, was er drei Jahre später in BILD schildert, würde

In dunklen Momenten kann Rampenlicht lästig sein

es diesen schwarzen Fleck auf seiner Weste nie gegeben haben.

„Es ging alles schief an diesem Tag. Wenn ich könnte, würde ich dieses eine Rennen gerne rückgängig machen. Ich versuche die Tür, als Villeneuve innen vorbeizieht, zuzumachen, obwohl es da gar nichts mehr zuzumachen gibt. Ich habe in dem Augenblick nur reagiert, nicht nachgedacht. Reden wir nicht lange rum – mein Fehler, basta.“

Schön, dass er gelernt hat.

Denn damals, als er sich einige Stunden nach dem Crash aus seiner roten Trutzburg zeigt, ist er immer noch überzeugt, dass er im Recht ist. „Jacques kam so schnell angeflogen, dass er garantiert ins Gras geflogen wäre, wenn er mich nicht getroffen hätte.“ Aha. Er ihn also getroffen hätte. Das sind jene Momente im Leben des Rennfahrers Schumacher, in denen er alles aus seinem Schumi-Visier sieht. Auch wenn er damit ziemlich allein ist.

So wie an jenem Abend, als er mit einem Weißbier in der Hand im Motorhome von Ecclestone-Wirt Karl-Heinz Zimmermann auftaucht. Mit seinem Dackelblick sucht er nach Verständnis und fragt Fahrer-Kollegen und Journalisten.

Als er nur Gegenwind kriegt, kommt die in solchen Fällen für ihn typisch stereotype Antwort: „Ihr wisst ja gar nicht, was in so einem

188 Sekunden nach dem Start am Nürburgring rumpelt Ralf im gelben Jordan über Michaels Ferrari. Bitterer Rückschlag im WM-Fight

Auto passiert. Ihr wart wohl beim falschen Rennen."

Als die Bilder seiner Cockpit-Kamera öffentlich über die Bildschirme dieser Welt flimmern, die seine eindeutige Lenkradbewegung in den Williams von Villeneuve belegen, schaltet Schumacher einen Gang zurück: „Ich bin schließlich auch nur ein Mensch und keine Maschine." Geht doch.

Die FIA sieht die „Abschuss-Aktion" genauso wie der Rest der Welt. Sie reagiert, wie vor dem Rennen angekündigt, knallhart und erkennt Schumi die Vize-Weltmeisterschaft nachträglich ab. Heinz-Harald Frentzen rückt auf.

Schumi und Villeneuve feiern in der Nacht eine alkoholträchtige Pseudo-Versöhnung. Schumi in Katerstimmung: „Wir haben uns ausgesprochen. Alles okay."

Villeneuve weiß davon nichts – oder nichts mehr? Der Weltmeister von '97 bleibt auch Jahre später bei seinem Urteil über Schumacher: „Es ist schwierig, mit Michael darüber zu diskutieren, was passiert ist. Er kann keine Kritik vertragen und hat prinzipiell immer recht. Er schützt sich mit aggressiven Aussagen und will nur von eigenen Fehlern ablenken. Er ist eben so."

Williams stellt das Villeneuve-Weltmeister-Auto ins Museum nach Grove. Und ist ganz stolz auf Schumis Reifenabdruck am linken Seitenkasten. Ein Dokument dieses WM-Titels. Bis eines Tages ein Angestellter freudig aufgeregt Team-Mitbesitzer Patrick Head informiert: „Da war doch so ein Reifenabdruck auf dem Seitenkasten. Der wurde nie richtig entfernt. Ich hab' ihn wegpoliert ..."

Es gibt in diesem Jahr, neben der Trennung der Eltern, noch zwei Familienangelegenheiten im Hause

DAS SCHRIEB Bild

Schumi Turbo-Baby da
Kleine Gina Maria kam 3 Wochen zu früh

21. 2. Zum 1. Mal Vater

Schumi im Chaos

29. 9. Nach Nürburgring

Schumi Deutschland stöhnte auf Schock-Sekunde

Schumi: Seine schlimmste Niederlage

27. 10. Nach Jerez-Finale

Aus den Rennlisten gestrichen ● Vize-Weltmeister aberkannt
Schumi tief gedemütigt

28. 10. Weltpresse sauer

„Ein nicht perfekter Mordversuch" Alle prügeln Schumi

12. Nov. Nach Jerez-Urteil

Shakehands vor dem Ramm-Finale. Beim vorletzten Rennen in Japan signalisieren Villeneuve und Schumacher noch Fairness

Schumacher. Eine auf der Strecke, eine im Privatleben.

Die auf der Strecke: Ralf rasselt zum ersten Mal so richtig mit Bruder Michael zusammen.

Nürburgring. Schumis 100. Grand Prix. Zwei außergewöhnliche Dinge passieren vor dem Start.

Die meisten Schumi-Fans wissen ja, dass es zu seinen Gewohnheiten gehört, vor dem Start schnell noch mal aufs Örtchen zu gehen. Schumi ist so aufgeregt, dass er die Eingänge verwechselt. Er besucht die Damen-Toilette. Mann, ist ihm das peinlich, als er dabei erwischt wird!

Die zweite Ausnahme: Er drückt Formel-1-Chef Ecclestone die Jubiläumstorte zum 100. Grand Prix ins Gesicht. Das hat sich vorher noch keiner getraut.

Und dann traut sich Ralf was ...

Er rauscht im Jordan mit seinem linken Hinterreifen dem Bruder übers rechte Vorderrad. Aus für Michael bei seinem neuen Anlauf zum WM-Titel. Oh weh. Schumi wäscht hinter verschlossenen Ferrari-Türen seinem Bruder den Kopf. Vor der Presse klingt das ganz anders: „Ich will niemandem Vorwürfe machen oder gar Absicht unterstellen." Ein Fahrer-Kollege kommentiert den ersten ernsten Bruder-Crash mit seinem ihm eigenen Humor. Frentzen: „Bin ich froh, dass ich Einzelkind bin." Der damalige Ferrari-Berater Niki Lauda wählt ganz andere Worte: „Der Ralf gehört auf die Couch!"

„Ich freue mich schon darauf, wenn wir auf dem Sofa zu dritt kuscheln können."

Auf die will auch Bruder Michael, nachdem's wieder nix mit der WM geworden war – aber auf die zu Hause mit seiner neuen Familie. Im Februar war nämlich Töchterchen Gina Maria geboren. Genau um 6.13 Uhr erblickt sie im St.-Josef-Krankenhaus von Wipperfürth das Licht der Welt. Schumi: „Der schönste Moment in meinem Leben. Ich freue mich schon darauf, wenn wir auf dem Sofa zu dritt kuscheln können."

Jacques Villeneuve mit wasserstoffblond-gefärbten Echt-Haaren, sein Team mit Perücken

Erst gab's 'ne Riesentorte zu Schumis 100. Grand Prix – dann eine Kostprobe für Formel-1-Boss Ecclestone

Die FIA hat Schumacher nach dem Jerez-Rammstoß die Vize-WM aberkannt, ihn aus den offiziellen Listen gestrichen. Zur Information: seine Ergebnisse letzte Zeile

		1 Australien	2 Brasilien	3 Argentinien	4 San Marino	5 Monaco	6 Spanien	7 Kanada	8 Frankreich	9 Großbritannien	10 Deutschland	11 Ungarn	12 Belgien	13 Italien	14 Österreich	15 Luxemburg	16 Japan	17 Europa	TOTAL
1.	J. VILLENEUVE	-	10	10	-	-	10	-	3	10	-	10	2	2	10	10	-	4	**81**
2.	H. FRENTZEN	-	-	-	10	-	-	3	6	-	-	-	4	4	4	4	6	1	**42**
3.	D. COULTHARD	10	-	-	-	-	1	-	-	3	-	-	-	10	6	-	-	6	**36**
4.	J. ALESI	-	1	-	2	-	4	6	2	6	1	-	-	6	-	6	2	-	**36**
5.	G. BERGER	3	6	1	-	-	-	-	-	-	10	-	1	-	-	3	-	3	**27**
	M. HÄKKINEN	4	3	2	1	-	-	-	-	-	4	-	-	-	-	-	3	10	**27**
7.	E. IRVINE	-	-	6	4	4	-	-	4	-	-	-	-	-	-	-	4	2	**24**
8.	G. FISICHELLA	-	-	-	3	1	-	4	-	-	-	-	6	3	3	-	-	-	**20**
9.	O. PANIS	2	4	-	-	3	6	-	-	-	-	-	-	-	-	1	-	-	**16**
10.	J. HERBERT	-	-	3	-	-	2	2	-	-	-	4	3	-	-	-	1	-	**15**
11.	R. SCHUMACHER	-	-	4	-	-	-	-	1	2	2	2	-	-	2	-	-	-	**13**
12.	D. HILL	-	-	-	-	-	-	-	-	1	-	6	-	-	-	-	-	-	**7**
13.	R. BARRICHELLO	-	-	-	-	6	-	-	-	-	-	-	-	-	-	-	-	-	**6**
14.	A. WURZ	-	-	-	-	-	-	-	-	4	-	-	-	-	-	-	-	-	**4**
15.	J. TRULLI	-	-	-	-	-	-	-	-	-	3	-	-	-	-	-	-	-	**3**
16.	M. SALO	-	-	-	-	2	-	-	-	-	-	-	-	-	-	-	-	-	**2**
	P. DINIZ	-	-	-	-	-	-	-	-	-	-	-	-	-	-	2	-	-	**2**
	S. NAKANO	-	-	-	-	-	-	1	-	-	-	1	-	-	-	-	-	-	**2**
19.	N. LARINI	1	-	-	-	-	-	-	-	-	-	-	-	-	-	-	-	-	**1**
	M. SCHUMACHER	6	2	-	6	10	3	10	10	-	6	3	10	1	1	-	10	-	**78**

1998

Der Wütende

Dieser Blick – so hat man Michael Schumacher in seiner gesamten Karriere nur ein Mal gesehen: Am 30. August 1998. Voller Wut stampfte er nach Coulthards Regen-Manöver in Spa in dessen Box und schrie ihn an: „Wolltest du mich umbringen?“

Das Jahr, in dem Schumi knapp gegen Häkkinen verliert. Deutschland wählt Schröder. Derrick geht in Rente. ICE-Katastrophe in Eschede. Frank Sinatra singt nicht mehr

Der schlafende Riese ist geweckt. Die ersten zwei Jahre mit Schumi – und zweimal knapp am Titel vorbei. Im dritten Anlauf müsste es für Ferrari doch klappen.

Rillenreifen lösen die profillosen Slicks ab. Michael Schumacher zeigt sein Teufelsgesicht.

Es ist, natürlich, in Spa. Irgendwann wird Renn-Rentner Schumi seine Nase mal in die Chronik dieses Ardennen-Städtchens stecken und herausfinden, welche Verbindung zwischen Spa und ihm besteht.

Also, Spa am 30. August 1998. Das Rennen beginnt mit der größten Massenkarambolage der Formel 1. Zwölf Autos in Trümmern. Nach 55 Minuten Neustart. WM-Spitzenreiter Häkkinen (7 Punkte vor Schumacher) gleich in der ersten Runde raus. Schumi wieder auf WM-Kurs. Er führt mit 23 Sekunden Vorsprung vor Hill. Gischt. Keine Sicht. Blaue Flaggen (Bedeutet: Platz machen, Sie werden überrundet) für Coulthard. Die Pouhon-Kurve. Schumi schießt mit Tempo 220 durch die Gischt – Coulthard geht vom Gas. Reflexartig reißt Schumi den Ferrari nach links. Zu spät! Das rechte Vorderrad reißt ab. Das Ferrari-Dreirad rollt an die Box.

„Willst du mich umbringen?!“

Schumi stürmt, mit Wut und eiskaltem Blick, auf Coulthard los: „Willst du mich umbringen?!“

Man hat den Deutschen noch nie so aufgewühlt gesehen. Am meisten wurmen ihn die Kommentare in den nächsten Tagen, die ihm Dummheit vorwerfen. Er habe doch klar geführt und hätte in dieser Gischt auch etwas langsamer fahren können, sagen Experten und schreiben die Zeitungen.

Diese Meinungen lösen später den zweiten Wutanfall bei ihm aus. „So einen Mist zu verzapfen. Die haben ja keine Ahnung“, schimpft er auf die

Das schnellste Dreirad der Welt. Schumachers Ferrari war in der Regengischt von Spa auf den zu langsamen Coulthard geknallt, hat sich das rechte Vorderrad abgerissen

Es raucht und qualmt. Zwölf Autos waren beim schlimmsten Start-Crash in Spa ineinandergerast. Wie ein Wunder: keiner wurde schwer verletzt

Nein, kein Boxenstop. Schumi sitzt in Silverstone hinter der Zieldurchfahrt in der Box eine Zeitstrafe ab – und gewinnt

sogenannten Experten, „das war keine Dummheit von mir, das war lebensgefährlich von Coulthard." Schumacher klärt auf. „Auf der Strecke siehst du höchstens 20 bis 30 Prozent von dem, was im Fernsehen rüberkommt."

Wieder zurück zur Situation mit Coulthard. „Jeder soll sich doch mal vorstellen: Man fährt auf der Autobahn. Es regnet in Strömen. Plötzlich fallen die Scheibenwischer aus. Du fährst 160, der vor dir nur 110. Da bleibt dir einfach keine Reaktionszeit. Bei mir war's etwas extremer. Wolkenbruch. Visier beschlagen. Schlechte Sicht. Tempo 220. Der vor dir 170. Du hast keine Chance."

Fünf Jahre später entschuldigt sich Coulthard, er sei zu langsam gefahren ...

Spa ist aber nicht der einzige Aufreger in dieser Saison. Das wäre bei Schumi und Ferrari ja auch ein bisschen wenig.

In Silverstone ein Geniestreich von Taktik- und Technik-Guru Ross Brawn. 43. Runde. Der Regen ist so stark, dass das Safetycar rausgeht. Gelbe Flaggen (Bedeutet: Überholverbot). Schumacher überrundet Wurz im Benetton. Zeitstrafe für Schumi, weil er in der Gelb-Phase überholt

Schauen Sie nur mal in den spitzbübischen Blick unter dem Helm (links): Die Nummer in Silverstone war sein kuriosester Sieg. Der Zweite, Mika Häkkinen (rechtes Foto) kann's immer noch nicht glauben

hat. Nach sechs Runden kommt das Safetycar wieder rein. Spitzenreiter Häkkinen rutscht raus. Schumi führt! Der Funk zwischen Ross Brawn und den Sportkommissaren glüht. Strafe oder nicht Strafe für Schumi? Brawn zögert die Entscheidung bis zur letzten Runde hinaus.

Das Unfassbare. Letzte Runde. Schumi jagt aus der letzten Kurve (Woodcote) vor dem Ziel, biegt in die Boxengasse ab – und sitzt hinter dem imaginär verlängerten Zielstrich die inzwischen ausgesprochene Zeitstrafe ab. Als Sieger! McLaren protestiert. 16 Tage später Protest abgeschmettert. Schumi, Sieger in der Box!

Die Formel 1 ist wieder um eine Anekdote reicher. Häkkinen um zehn Zähler ärmer. Mit fünf Siegen in acht Rennen holt Schumi den haushoch führenden Häkkinen ein. Es steht nach Monza 80:80.

„Wolkenbruch. Visier beschlagen. Schlechte Sicht. Tempo 220. Der vor dir 170. Du hast keine Chance."

Italien lechzt nach der WM-Krone. Schon vor dem Monza-Erfolg ist der Ferrari-Star super drauf.

Samstag, später Nachmittag. Er kommt vom Fahrerbriefing. Sein damaliger Pressesprecher Heiner Buchinger albert mit einem Journalisten herum. „Ich will mitlachen", sagt Schumi und setzt sich mit den zweien auf eine Bank hinterm Ferrari-Zelt. Sie erzählen Witze. Sie reden über Frauen und – Sex. Sie lachen, klopfen sich auf die Schenkel.

Mensch Meier, wenn die Leute nur wüssten, wie locker und ausgelassen der sonst so zugeknöpfte Lenkrad-Akrobat sein kann. Ach ja: Später springen Bodyguards mit MPs aus dem Auto, das ihn abholen soll. War doch glatt auch noch eine kleine Entführungswarnung eingegangen ...

WM-Krimi. 80:80. Noch zwei Rennen. Schumi verliert am Nürburgring. Der Finne reist mit vier Punkten Vorsprung nach Suzuka.

Aber wieder greift Schumi im letzten Rennen nach der Krone. Poleposition. Neben ihm der Silberpfeil von Häkkinen. Schumi erfährt: Wenn der Teufel zwickt, zwickt er

Einsam im Regen. Schumacher macht bei diesem Wetter (wie hier in Silverstone) alle Gegner nass

1998

Das schrieb Bild

Schumi
Das war dein größtes Rennen
Erster Sieg in Buenos Aires
Formel-1-WM wieder spannend

14.4. Nach Kiesbett-Sieg

Sein verrücktester Sieg
In der Boxen-Gasse durchs Ziel
Irre, irrer, Schumi!

13.7. Nach Sieg in der Box

Das Trümmer-Rennen
Formel 1: Größter Start-Crash aller Zeiten
Häkkinen: Unfall nach 2. Start ● Schumi knallte auf Silberpfeil und wollte Coulthard verprügeln ● Insgesamt 13 Autos Schrott

31.8. Nach Start-Crash in Spa

Das dramatische WM-Finale
Deutschland stand auf – aber Schumi blieb liegen
Die irre Aufholjagd
Hill nahm Rache – und ließ ihn nicht vorbei
Motor abgewürgt
Das endgültige Aus
In Runde 32 platzte der Hinterreifen
Wie konnte das nur passieren?

2.11. WM-Finale verloren

Deutschland diskutiert über Schumis Start-Panne
Hier sind die Antworten

3.11. Kupplung funktionierte nicht

Sein erster Sieg durch den Kies

Argentinien, drittes Saison-Rennen. Zwei Häkkinen-Siege zum Auftakt, Schumacher unter Druck. Es sieht wieder schlecht aus. Er hoppelt mit seinem Ferrari durchs Kiesbett. Aus? Von wegen. Er sieht hinter dem Kies Asphalt, lenkt den Ferrari da drauf, schießt zurück auf die Strecke – und gewinnt! Später grinst er verschmitzt: „Mittags bei der Driver's Parade (Fahrerparade) habe ich an dieser Stelle gesehen, dass diese Möglichkeit besteht, falls man rausrutscht ..."

zweimal. Erst stirbt ihm beim zweiten Start der Motor ab (das war beim ersten Start Trulli im Prost-Peugeot passiert, weshalb es den Neustart gab). Schumis Kupplung schließt, ohne dass er den Knopf gedrückt hat. Er muss zurück auf den letzten Platz. Nach 22 Runden ist der Teufelskerl Dritter. Schreck Nr. 2. Plattfuß in der 31. Runde. Aus. WM ade.

Und wieder eine kaum zu glaubende Anekdote. Drei Journalisten drehen am Tag vor dem Finale eine Runde zu Fuß. Sie wollen die Strecke

Schumi in ungewohnter Rolle. Nach einem Ausrutscher schaut er sich die Konkurrenz mal von oben an ...

... aber gleich wieder aus allernächster Nähe. Er interessiert sich für Häkkinens Silberpfeil, von hinten (links) und von vorne

Der Champion im Schampus-Bad. Irvine (l.) und Coulthard feiern Häkkinens ersten Titel in Japan

und die Gefahren kennenlernen. Ein Journalist hebt eine Glasscherbe auf, wirft sie ins Gras und sagt: „Nicht, dass sich hier einer einen Platten holt." Raten Sie mal, in welcher Kurve sich Schumi den Plattfuß holt ...? Die drei Schreiberlinge hatten Gänsehaut.

Auch bei Häkkinens erster WM-Feier. Es sind Sternstunden – bei denen (fast) alle Sterne sehen. Nicht nur silberne ...

Ein Karton taucht plötzlich bei McLaren-Mercedes auf. Empfänger: Wilhelm Weber (Schumis Manager). Die Japaner lesen Wilhelm und liefern das Paket ab bei – Wolfgang Wilhelm. Der ist Fotograf von McLaren-Mercedes. Sie machen das Paket auf – und siehe da: 100 Schumi-Mützen mit drei Sternen (es wäre sein dritter Titel gewesen). Mit breitem Grinsen marschieren Mercedes-Motorsportchef Norbert Haug und Motoren-Mann Mario Illien mit Schumis falsch zugestellten roten Ferrari-Mützen durchs Fahrerlager ...

Mit einem furiosen Zwischenspurt – fünf Siege in acht Rennen – holte Schumi zum 80:80 vor den zwei letzten Rennen auf. Dann reichte es doch nicht mehr

		1 Australien	2 Brasilien	3 Argentinien	4 San Marino	5 Spanien	6 Monaco	7 Kanada	8 Frankreich	9 Großbritannien	10 Österreich	11 Deutschland	12 Ungarn	13 Belgien	14 Italien	15 Luxemburg	16 Japan	TOTAL
1.	M. HÄKKINEN	10	10	6	-	10	10	-	4	6	10	10	1	-	3	10	10	**100**
2.	M. SCHUMACHER	-	4	10	6	4	-	10	10	10	4	2	10	-	10	6	-	**86**
3.	D. COULTHARD	6	6	1	10	6	-	-	1	-	6	6	6	-	-	4	4	**56**
4.	E. IRVINE	3	-	4	4	-	4	4	6	4	3	-	-	-	6	3	6	**47**
5.	J. VILLENEUVE	2	-	-	3	1	2	-	3	-	1	4	4	-	-	-	1	**21**
6.	D. HILL	-	-	-	-	-	-	-	-	-	-	3	3	10	1	-	3	**20**
7.	A. WURZ	-	3	3	-	3	-	3	2	3	-	-	-	-	-	-	-	**17**
	H. FRENTZEN	4	2	-	2	-	-	-	-	-	-	-	2	3	-	2	2	**17**
9.	G. FISICHELLA	-	1	-	-	-	6	6	-	2	-	-	-	-	-	1	-	**16**
10.	R. SCHUMACHER	-	-	-	-	-	-	-	-	1	2	1	-	6	4	-	-	**14**
11.	J. ALESI	-	-	2	1	-	-	-	-	-	-	-	-	4	2	-	-	**9**
12.	R. BARRICHELLO	-	-	-	-	2	-	2	-	-	-	-	-	-	-	-	-	**4**
13.	M. SALO	-	-	-	-	-	3	-	-	-	-	-	-	-	-	-	-	**3**
	P. DINIZ	-	-	-	-	-	1	-	-	-	-	-	-	2	-	-	-	**3**
15.	J. HERBERT	1	-	-	-	-	-	-	-	-	-	-	-	-	-	-	-	**1**
	J. MAGNUSSEN	-	-	-	-	-	-	1	-	-	-	-	-	-	-	-	-	**1**
16.	J. TRULLI	-	-	-	-	-	-	-	-	-	-	-	-	1	-	-	-	**1**

1999

Der Tapfere

Michael Schumacher reißt die Hände vom Lenkrad – sein Ferrari bohrt sich durch den Reifenstapel in die Mauer. Er wird mit 50 G (dem 50fachen Körpergewicht) in die Gurte gedrückt. Silverstone, sein schlimmster Unfall

Das Jahr, in dem Schumi im Krankenhaus landet. Die Gräfin tritt zurück und liebt Agassi. Grass erhält den Nobelpreis. Bayern fehlen 90 Sekunden zum Champions-League-Sieg

Ärzte und Helfer schirmen den Verletzten hinter einem Tuch ab

Der Nagel im rechten Bein war 30 Zentimeter lang... Dabei beginnt 1999 für die Schumachers mit einem wunderbaren Ereignis. Michael und Corinna werden mit einem Sohn beschenkt. Am 22. März kommt Mick zur Welt. Er ist genau 111 Tage alt, als sein Formel-1-Papa mit Tempo 306 geradeaus Richtung Mauer rast.

11. Juli 1999. Silverstone.

Schumi hat acht Punkte Rückstand auf Weltmeister Häkkinen. Der Finne steht auch beim Start vor ihm. Hinter ihm bleiben Villeneuve und Zanardi stehen. Startabbruch. Ferraris Technik-Chef Ross Brawn funkt sofort an Schumi: „Rote Flaggen. Halte Position." Schumis Funk ist gestört. „Ich habe nichts gehört", sagt er später. Und zwängt sich an Irvine vorbei. Nach genau 38 Rennsekunden schießt Schumis Ferrari mit Tempo 306 in die Stowe-Kurve.

Im FIA-Protokoll steht: Mit 204 km/h haben die Vorderräder blockiert. Mit 107 km/h ist der Ferrari in den Reifenstapel geprallt. Andere Daten berichten: Mit 160 km/h sei Schumi in die Reifenstapel, der Aufprall in die Leitplanke war mit 97 km/h. Letztlich egal, Schumi lebt.

Er schildert die Schrecksekunden. „Du willst bremsen. Der Pedalweg wird immer länger. Du weißt sofort, was los ist. Du versuchst verzweifelt zu lenken, aber es geht nichts mehr, weil die Vorderräder blockieren. Ich sehe die Reifenwand – und weiß: Das wird schlimm, das wird wehtun. Ich krache rein, das Monocoque zerbröselt. Sofort spüre ich Schmerzen im Bein. Ich will sofort raus. Du hast ja auch Angst, dass es zu brennen anfängt. Ich war im Monocoque eingeklemmt. Ein grausames Gefühl. Ich will mich aus dem Cockpit hochstemmen. Das Bein bleibt hängen. Es dehnt sich ganz komisch. Wie ein Gummiband. Da waren keine Knochen mehr."

Michael Schumacher erinnert sich an jede Sekunde des Unfalls.

„Ich sehe die Reifenwand – und weiß: Das wird schlimm, das wird wehtun."

„Mein erster Gedanke: Okay, du lebst. Aber was ist mit dem Bein? Ein offener Bruch? Wird alles kompliziert? Dann denkst du plötzlich: Die WM ist gelaufen. Komisch, du bist verletzt und denkst an diese WM, obwohl du doch in diesem Moment viel größere Sorgen hast. Ich rutsche wieder ins Cockpit und mach mir plötzlich Sorgen um Corinna. Ich weiß, sie sitzt vorm Fernseher und weiß nicht, was los ist. Ich sage zu Sid (Watkins, der Rennarzt): ‚Ruf Corinna an, sag' ihr: alles okay.' Im Streckenkrankenhaus hab' ich dann sofort meine Frau angerufen: ‚Schatz, ist nur das Bein.'"

Die Diagnose im Central Hospital: rechtes Schien- und Wadenbein gebrochen, vier Zentimeter langer Schnitt in der Ferse, schwere Knöchelprellung. Chirurg Bill Ribbans, der Schumi operierte: „Alles normal verlaufen. Keine Komplikationen."

Die Diagnose des Unfalls: Ein Entlüftungs-Ventil der linken Hinterrad-Bremse war locker, Bremsflüssigkeit trat aus, das Pedal fiel durch. Am Tag eins nach Unfall und OP schickt Schumi seinen Physiotherapeuten Balbir Singh zum Chinesen. Er soll Essen besorgen und ein Kartenspiel. Corinna, Balbir und Schumi spielen Mau-mau. Aber: Er lässt sich auch von Jean Todt das Unfall-Video besorgen. Er will sehen, was und wie das passiert ist. Schumi schaut sich seinen Unfall auf Video an und sagt: „Sieht doch gar nicht so dramatisch aus."

Rennarzt Sid Watkins sagt fünf Wochen später etwas ganz anderes. In seinem Untersuchungsbericht steht: „Michael schlug in einem 90-Grad-Winkel frontal mit dem Kopf aufs Cockpit. Sein Helm war gebrochen. Er hätte sterben können."

Das Drama geht weiter. Schumi schuftet zu Hause fürs Comeback. Teamgefährte Irvine gewinnt die nächsten zwei Rennen. In Hockenheim wird Schumi auf großen Videowänden zugeschaltet. Er sitzt im Garten seines Schweizer Hauses, das verletzte Bein auf dem Sofa. Im Motodrom andächtige Stille. Via RTL sagt der verletzte Star: „Viele Grüße an die Fans und Freunde, die in Hockenheim sitzen und ohne mich auskommen müssen. Aber ich komme wieder." Raketen, Böller, rote Fahnen. 120 000 jubeln Schumi auf der Leinwand zu.

Die Italiener spotten. „Il Resto del Carlino", eine Zeitung, die in Mara-

Schumi liegt am Boden, die Hände hinter den Kopf verschränkt. Tapfer schaut er auf sein gebrochenes Bein

Auf einer Trage wird Schumacher abtransportiert, kriegt Infusionen

nello erscheint, schreibt: „Niemand hatte begriffen, was für ein mit Geld aufgepumpter Mensch Schumacher war und wie er dabei den eigentlichen Meister (Irvine) geopfert hat."

Von anderen italienischen Zeitungen wird er als überbezahlter Angeber, nutzloses Phänomen und entzaubertes humpelndes Idol verhöhnt. Eine Zeitung höhnt: „Schumacher wer?"

Auch Ferrari-Teamkollege Eddie Irvine giftet. „Drei Jahre habe ich für ihn geschuftet. Nun ist Zahltag. Ich will der erste Ferrari-Weltmeister nach 20 Jahren werden. Ich bin die Nr. 1 bei Ferrari – auch wenn er zurückkommt."

Solche Dinge tun Schumi weh. Mehr als ein kaputtes Bein. Er gibt's nur nie zu.

40 Tage nach dem Unfall humpelt er in Mugello zu einem Geheimtest – und ist drei Zehntelsekunden schneller als Irvine! Italien ruft plötzlich laut: „Schumi, komm zurück. Nur du kannst für uns den Titel holen." Aber: Der Körper bremst den Ehrgeiz. Elf Tage später zweiter Versuch. 30 000 pilgern zum Test nach Monza! Schumi steigt nach nur einer Runde aus dem Ferrari: „Ich habe große Schmerzen. Die Vibrationen und Schläge machen mir zu schaffen."

Beim Rennen in Monza zwölf Tage später machen WM-Rivale Mika Häkkinen ganz andere Dinge zu schaffen. (Übrigens endet das Rennen mit deutschem Doppelsieg von Heinz-Harald Frentzen im Jordan vor Ralf Schumacher im Williams. Nach dem Sieg kleidet Frentzen seine Vaterfreuden in den legendären Satz: „Wir werden Papa.") Der Finne führt,

Das schrieb Bild

Schumi glücklich: Sohn da! Er heißt Mick

Schumacher war bei der Geburt in Schweizer Klinik dabei

25.3. Zum ersten Mal Vater

Der Horror-Crash: Schumi mit 190 km/h geradeaus in die Mauer

Sabotage oder Pfusch?

Warum konnte er nicht mehr lenken?

Warum bremsten die Hinterräder nicht?

12.7. Nach Silverstone-Unfall

„Schumacher, wer? Unsympathischer Angeber Nutzloses Phänomen Mit Geld aufgepumpt Humpelndes Idol"

Italien spuckt auf Schumi

3.8. Häme nach Beinbruch

Schumis Helm zersplittert!

„Er hätte sterben können"

18.9. Unfall-Bericht schockt

Die Reifen-Trottel von Ferrari

Es geht zu wie in einer Dorfwerkstatt

28.9. Panne bei Reifen-Wechsel

rutscht raus. Wütend knallt er Lenkrad und Handschuhe weg.

Er sucht ein Versteck. Vor sich. Vor der ganzen Welt.

Zwischen dichten Büschen sackt er in die Knie, bricht in Tränen aus. Später erklärt der sympathische Silberpfeil-Pilot: „Ich fuhr diese Kurve während des Wochenendes immer im zweiten Gang, jetzt erwischte ich versehentlich den ersten. Die Hinterräder blockierten, der Motor starb ab. Nach so was brauchst du ein, zwei Stunden, bis das Leben weitergeht."

Es geht weiter. Auch für Schumi.

Anfang Oktober Drei-Tage-Tests in Mugello und Fiorano. Ferrari-Präsident Luca di Montezemolo und Schumi essen Pizza. Er bittet: „Michael, wir brauchen dich." Schumi sagt ja. Ein Ferrari-Insider: „Er wollte doch '99 keine Rennen mehr fahren."

Schumi selbst gibt zu: „Erst deutete ich dieses Unglück als ein Zeichen – als Zeichen zum Aufhören. Aber je länger ich darüber nachdachte, umso weniger konnte ich mir das vorstellen. Rennenfahren ist mein Beruf, mein Leben. Irgendwann war mir klar: Du kommst wieder, und zwar schnell." Nach 98 Tagen Pause steigt Schumi in Malaysia in sein geliebtes Ferrari-Cockpit. „Ich wollte zurück in mein normales Leben. Hier bin ich." Und wie. Er rast sofort auf die Pole-Position – mit einer Sekunde vor dem großmäuligen Teamkollegen Irvine! Renn-Kollege und Freund Jean Alesi (Sauber) zu Schumi: „Wenn du nicht gewinnst, bin ich enttäuscht von dir."

Schumi fährt eines seiner grandiosesten Rennen, lässt aber Irvine, der inzwischen um die WM gegen Häkkinen kämpft, drei Runden vor Schluss zum Sieg vorbei.

Der Rückschlag. FIA-Aufpasser Jo Bauer, BILD tauft ihn „Pedant", disqualifiziert beide Ferraris. Die Luftleitbleche an der Seite sind 10 Millimeter zu breit. Endgültiger Skandal: 145 Stunden danach ist die Disqualifikation aufgehoben! Irvine wieder 70 Punkte, Häkkinen 66.

Suzuka. Letztes Rennen. Was macht Schumi? Macht er Irvine zum ersten Ferrari-Weltmeister nach 20 Jahren? Soll der irische Playboy plötzlich ernten, was Schumacher drei Jahre aufgebaut hat? In Malaysia hat

Wut, Frust und Druck verwandeln sich in Tränen. Mika Häkkinen weint nach seinem Monza-Ausfall neben der Strecke

Michael Schumacher bei einer Audienz bei Papst Johannes Paul II. Der Rennfahrer wurde im Oktober 1999 im Vatikan empfangen

er Irvine noch unterstützt, aber jetzt …

… zischt Häkkinen sofort nach einem schwachen Start von Pole-Mann Schumi vorbei. Häkkinen, Schumacher, Irvine – so rauschen sie ins Ziel. Und damit Mika Häkkinen zu seinem zweiten Titel hintereinander. Nur etwas für Spekulanten: Wäre Schumacher vor Häkkinen ins Ziel gekommen, hätte Irvine der dritte Platz zum WM-Titel gereicht. Und Schumi hätte sich sonstwohin gezwickt. So schnippelt er bei der alljährlichen ausgelassenen Abschlussfeier mit einer Schere dem Chef des Weltmeisters Häkkinen, Norbert Haug, die feine Mercedes-Kleidung in Stücke. Später kommentiert Schumi den WM-Endstand so: „Ich glaube, der Ausgang ist gerecht. Der bessere Pilot hat den Fahrer-Titel gewonnen, das bessere Team die Konstrukteurs-WM."

„Ich glaube der Ausgang ist gerecht."

Na, also.

Nach den ersten fünf Rennen führt Schumi mit 30:24 Punkten. Dann der Beinbruch in England und sechs Rennen Pause. Häkkinen verteidigt in Japan den Titel

		1 Australien	2 Brasilien	3 San Marino	4 Monaco	5 Spanien	6 Kanada	7 Frankreich	8 Großbritannien	9 Österreich	10 Deutschland	11 Ungarn	12 Belgien	13 Italien	14 Europa	15 Malaysia	16 Japan	TOTAL
1.	M. HÄKKINEN	-	10	-	4	10	10	6	-	4	-	10	6	-	2	4	10	**76**
2.	E. IRVINE	10	2	-	6	3	4	1	6	10	10	4	3	1	-	10	4	**74**
3.	H. FRENTZEN	6	4	-	3	-	-	10	3	3	4	3	4	10	-	1	3	**54**
4.	D. COULTHARD	-	-	6	-	6	-	-	10	6	2	6	10	2	-	-	-	**48**
5.	M. SCHUMACHER	-	6	10	10	4	-	2	-	-	-	-	-	-	-	6	6	**44**
6.	R. SCHUMACHER	4	3	-	-	2	3	3	4	-	3	-	2	6	3	-	2	**35**
7.	R. BARRICHELLO	2	-	4	-	-	-	4	-	-	-	2	-	3	4	2	-	**21**
8.	J. HERBERT	-	-	-	-	-	2	-	-	-	-	-	-	-	10	3	-	**15**
9.	G. FISICHELLA	3	-	2	2	-	6	-	-	-	-	-	-	-	-	-	-	**13**
10.	M. SALO	-	-	-	-	-	-	-	-	-	6	-	-	4	-	-	-	**10**
11.	J. TRULLI	-	-	-	-	1	-	-	-	-	-	-	-	-	6	-	-	**7**
	D. HILL	-	-	3	-	-	-	-	2	-	-	1	1	-	-	-	-	**7**
13.	A. WURZ	-	-	-	1	-	-	-	-	2	-	-	-	-	-	-	-	**3**
	P. DINIZ	-	-	-	-	-	1	-	1	1	-	-	-	-	-	-	-	**3**
15.	O. PANIS	-	1	-	-	-	-	-	-	-	1	-	-	-	-	-	-	**2**
	J. ALESI	-	-	1	-	-	-	-	-	-	-	-	-	-	-	-	1	**2**
17.	P. DE LA ROSA	1	-	-	-	-	-	-	-	-	-	-	-	-	-	-	-	**1**
	M. GENE	-	-	-	-	-	-	-	-	-	-	-	-	-	1	-	-	**1**

2000

We are the Champions! Nach 21 Jahren erlöst Schumi Ferrari. Endlich wieder Weltmeister. Corinna (ganz in Jeans) tanzt, Michael und Todt singen, Barrichello strahlt. Jubelorgie in Rot

Der Erlöser

Marlboro
Marlboro
Marlboro
Marlboro
Marlboro

2000

Das Jahr, in dem Schumi Ferrari und ganz Italien erlöst. Deutschland kämpft gegen den Rinderwahn. Babs und Boris Becker trennen sich. 113 Tote bei Concorde-Absturz

Ferrari ist auferstanden. „Campione! Campione!", hallt es durch ein ganzes Land. 21 Jahre nach dem letzten Ferrari-Titel durch Jody Scheckter (1979) schenkt Schumacher den Tifosi ihren Stolz zurück. Mit seinem ersten Weltmeister-Sieg für die Roten in seiner fünften Saison startet endgültig Schumis Triumph-Fahrt ins italienische Herz.

Der knallrote Wahnsinn, die Saison für die Ewigkeit – es beginnt an einem kalten Februar-Abend in Fiorano. Mit der Geburt der Roten Göttin ...

Es ist 18.05 Uhr. Sie trägt ein rotes Kleid, Schumi wie immer seinen feuerroten Renn-Frack. Hunderte Schaulustige warten auf einer Brücke gespannt auf das neue Paar. Endlich, es ist schon fast dunkel, da rauschen sie heran: Schumacher und der Ferrari F1-2000.

Nach fünf Runden steigt Schumi aus, in seinen Augen ein Blitzen, auf seinen Lippen Stolz und Spaß. „Das ist der beste Ferrari aller Zeiten! Leichter, stärker, tiefer – Manta, Manta." Was er erst später sagte: „Ich dachte so für mich, wenn es mit diesem Auto wieder nicht klappt, dann nie mehr ..."

Schumi täuscht sich nicht. Der Himmel färbt sich ROT.

Schon in den Winter-Tests pulverisiert er sämtliche Rekorde. Die Saison beginnt wie nicht anders zu erwarten mit einem Schumi-Hattrick: Melbourne, São Paulo, Imola – 30 Punkte nach drei Rennen. Sein Hauptrivale Mika Häkkinen ist geschockt. Obwohl der Mercedes-Weltmeister von '98 und '99 bei allen drei Grand Prix auf Startplatz eins steht, reicht es nur zu sechs WM-Zählern.

„Schumissimo!" Italien schnuppert am Titel. Und Schumi gesteht die Liebe zu seinem Dienstwagen: „Ganz ehrlich – ich bin in mein Auto ein bisschen verliebt. Ich spreche ja auch mit ihm. Damit mich niemand missversteht: Es ist immer noch ein Auto und kein Mensch. Aber wenn du vorne liegst, und es sind nur noch ein paar Runden zu fahren, dann sagst du schon mal: ‚Schatz, mach' jetzt bitte keinen Blödsinn.'"

Der Blödsinn passiert trotzdem. Runde 50 beim Spanien-Rennen: Mit einem Plattfuß links hinten ist Schumacher auf dem Weg in die Box, als

Jubel-Knicks vor seinem Team: Erster Titel mit Ferrari

8. Oktober 2000 in Suzuka: historische Zieldurchfahrt. Schumi trommelt aufs Lenkrad: „Wir haben es!"

So berichtet
Italien über den
Tag der Erlösung
Il Messaggero
TRIONFO
IL GIORNO
NAZIONALE
Ferrari, un trionfo da mille miliardi
Israele, conto alla rovescia
per evitare il conflitto
Grazie
Ferrari
Così ha spinto Schumi al Mondiale
MONDIAL
LA STAMPA
TAMPA
ROSSA
BIANCA
E VERDE
Ferrari campioni
Dopo 21 anni, Schumi

Bruder Ralf im BMW hinter ihm auftaucht. Schumi II will innen überholen, aber Michael macht dicht. Drei Kurven lang dauert das knallharte Bruder-Duell. Die Autos berühren sich. Dann plötzlich kommt Ferrari-Kollege Barrichello angeschossen – überholt auf einen Schlag beide Schumis. Ralf kocht, er hat seinen Platz auf dem Podium verloren.

„Ich musste mich verteidigen, das habe ich getan. Mir egal, ob mir das etwas gebracht hat."

Während Ralf innerlich brodelt, offiziell aber schweigt, sagt Schumi trocken: „Ich weiß gar nicht, warum Ralf sich so aufregt. Wenn er mit der Situation ein Problem hat, dann ist das sein Pech. Ich musste mich verteidigen, das habe ich getan. Mir egal, ob mir das etwas gebracht hat." Schumi gegen Schumi – am Abend treffen sie sich zufällig im VIP-Zelt von Promi-Wirt Karlheinz Zimmermann. Nach einer hitzigen Diskussion stehen beide plötzlich wie Kampfhähne voreinander. Ralf brüllt Michael immer wieder an: „Warum hast du das getan?" Die Schumacher-Seelen sieden.

Später fliegt Vater Rolf wie geplant mit seinen Söhnen gemeinsam heim. Ihm schwant Böses: „Das kann ja ein heiterer Rückflug werden." Es wird nicht nur eine eisige Heimreise. Barcelona 2000 ist der Anfang des großen Bruder-Krachs.

Nach Siegen am Nürburgring und in Montreal erwischt Schumi ein Dreifach-Ausfall (Magny-Cours, Zeltweg, Hockenheim). Die WM wieder spannend, Häkkinen und sein Mercedes-Kollege Coulthard liegen plötzlich nur noch zwei Punkte hinter Schumi. Nach einem zweiten Rang in Budapest kommt Spa. Die Stunde des Mika Häkkinen: In einem Jahrhundert-Manöver schießt der Finne mit 321 km/h zeitgleich an Schumi und Ricardo Zonta (BAR) vorbei, rauscht damit auch an die WM-Spitze: 74:68.

Unglaublich, die WM droht wieder zu kippen. Plötzlich schlägt die ganze Welt auf Schumi ein. Die italienische „Gazzetta del Mezzogiorno" schießt dabei den Vogel ab: „Schumi startet wie eine Schildkröte!"

Spott und Häme schüren Schumachers Kampfgeist vorm Ferrari-Heimspiel in Monza. Der tränenreiche Wendepunkt des Jahres. Durch ein abgerissenes Rad kommt der Streckenposten Paolo Ghislimberti ums Leben. Der Grand Prix läuft trotzdem weiter. Schumi holt einen ungefährdeten Start-Ziel-Sieg, der 41. Erfolg seiner Karriere. Der 41.! Er stellt den Rekord des in Imola '94 tödlich verunglückten Ayrton Senna ein, geht im WM-Duell mit Mercedes wieder in Führung.

Die Pressekonferenz danach. Schumacher wird auf die Senna-Bestmarke angesprochen. Er schluchzt, ein Weinkrampf erstickt seine Stimme. Auch eine deutsche Journalistin in der ersten Reihe bricht in Tränen aus. Schock-Stimmung. Bruder Ralf und Häkkinen spenden Schumi auf dem Podium Trost. Vergeblich. Schumi später: „Auf einmal brach alles aus mir heraus. Ich konnte nur noch weinen. Die schreckliche Erinnerung an Sennas Tod. Diese intensiven Momente werde ich nie vergessen."

Die drei Rotkäppchen: Brawn, Schumi und Barrichello mit Ferrari-Perücken

In einem spektakulären Überholmanöver schießt Häkkinen in Spa an Schumacher und Zonta vorbei. Später sagt Schumi: „Ab da wusste ich, dass ich's nicht schaffen kann, weil wir einen Fehler in der Aerodynamik machten"

Michael Schumacher lässt die Welt in seine Seele schauen. Er weint nach seinem Monza-Sieg, stellt den Rekord des tödlich verunglückten Senna ein

DAS SCHRIEB BILD

13.3. Nach Auftakt-Sieg

28.8. Häkkinens Manöver in Spa

11.9. Gedanken an toten Senna

9.10. Erster Titel mit Ferrari

10.10. Schumi schreibt in BILD

Erst Corinna (oben), dann Ross Brawn (rechts). Schumi vergisst nie die Reihenfolge

Der 10. September in Monza. Bis zu diesem Tag war Schumi oft als eiskalte, gefühllose Rennmaschine beschrieben worden. Mit seinem Gefühlsausbruch lässt er die Welt erstmals in sein Herz blicken. Die Tifosi – jetzt entdecken sie auch für den Menschen Schumacher ihre Liebe.

Erst recht, weil seine Sieges-Serie anhält. Vor dem vorletzten Grand Prix in Suzuka (Japan) liegt Schumacher mit 88:80 Punkten vor Häkkinen. In Deutschland steht am Renn-Sonntag sogar Kanzler Schröder für das Finale zur Früh-Frühstückszeit auf. Live am Fernsehen erlebt er Schumis Gipfelsturm. Nach Fehlstart, Fast-Unfällen mit Zonta und Wurz und einem Fahrfehler bei Tempo 300 donnert Schumacher auf den roten Olymp. Am 8. Oktober, exakt um 9.02 Uhr morgens deutscher Zeit, ist er erstmals Weltmeister im Ferrari. Grazie, Schumi!

„Ich träume von viel mehr Siegen. Ich träume von einer neuen Ferrari-Ära ..."

Bei der Zieldurchfahrt schluchzt er. Er trommelt mit den Fäusten auf das Lenkrad seiner Roten Göttin. Und schickt per Funk eine Liebesbotschaft an seine wahre Göttin. Schumi: „Mein Gott, wir haben es geschafft. Wir haben es geschafft. Jaaa! Gebt Corinna einen Kuss von mir." Schumis Herzdame ist zu diesem Zeitpunkt schon kurz vorm Glücks-Koma. Corinna: „Ich könnte die ganze Welt umarmen. Wenn das hier so weitergeht, muss gleich jemand einen Arzt für mich holen ..."

Der Arzt bleibt aus. Stattdessen gibt es Bierdosen aus der Badewanne und Bacardi-Cola aus Bierkrügen. In Karaoke-Hütte Nr. 6 des Suzuka-Strecken-Hotels schmettert Schumi um 3 Uhr nachts „I did it my Way". Eine halbe Stunde später kommt der entthronte Mika Häkkinen durch die Tür, singt Arm in Arm mit Schumacher den Queen-Klassiker „We are the Champions". Der Beginn einer Männer-Freundschaft.

Schumi im Bacardi-Ferrari-Taumel. Am nächsten Morgen formuliert er sein Zukunfts-Ziel: „Meine Mission ist noch lange nicht erfüllt. Ich träume von viel mehr Siegen. Ich träume von einer neuen Ferrari-Ära ..."

Ferrari-Fans zünden in Maranello bengalische Feuer und Raketen. Ein Land feiert Schumi und Ferrari

Eine Achterbahn zum 1. Titel. Erst legt Schumacher los wie die Feuerwehr, drei Rennen vor Schluss führt Häkkinen 80:78. Dann der Endspurt mit drei Siegen

		1 Australien	2 Brasilien	3 San Marino	4 Großbritannien	5 Spanien	6 Europa	7 Monaco	8 Kanada	9 Frankreich	10 Österreich	11 Deutschland	12 Ungarn	13 Belgien	14 Italien	15 USA	16 Japan	17 Malaysia	TOTAL
1.	M. SCHUMACHER	10	10	10	4	2	10	-	10	-	-	-	6	6	10	10	10	10	**108**
2.	M. HÄKKINEN	-	-	6	6	10	6	1	3	6	10	6	10	10	6	-	6	3	**89**
3.	D. COULTHARD	-	-	4	10	6	4	10	-	10	6	4	4	3	-	2	4	6	**73**
4.	R. BARRICHELLO	6	-	3	-	4	3	6	6	4	4	10	3	-	-	6	3	4	**62**
5.	R. SCHUMACHER	4	2	-	3	3	-	-	-	2	-	-	2	4	4	-	-	-	**24**
6.	G. FISICHELLA	2	6	-	-	-	2	4	4	-	-	-	-	-	-	-	-	-	**18**
7.	J. VILLENEUVE	3	-	2	-	-	-	-	-	3	3	-	-	-	-	3	1	2	**17**
8.	J. BUTTON	-	1	-	2	-	-	-	-	-	2	3	-	2	-	-	2	-	**12**
9.	H. FRENTZEN	-	4	-	-	1	-	-	-	-	-	-	1	1	-	4	-	-	**11**
10.	J. TRULLI	-	3	-	1	-	-	-	1	1	-	-	-	-	-	-	-	-	**6**
	M. SALO	-	-	1	-	-	-	2	-	-	1	2	-	-	-	-	-	-	**6**
12.	J. VERSTAPPEN	-	-	-	-	-	-	-	2	-	-	-	-	-	3	-	-	-	**5**
13.	E. IRVINE	-	-	-	-	-	-	3	-	-	-	-	-	-	-	-	-	1	**4**
14.	R. ZONTA	1	-	-	-	-	-	-	-	-	-	-	-	-	1	1	-	-	**3**
15.	A. WURZ	-	-	-	-	-	-	-	-	-	-	-	-	-	2	-	-	-	**2**
	P. DE LA ROSA	-	-	-	-	-	1	-	-	-	-	1	-	-	-	-	-	-	**2**

2001

Wie eine Rakete schießt Schumis Ferrari gen Himmel. Wie hier in Australien sitzt auch bei anderen Unfällen ein Schutzengel in seinem Cockpit. Unbeirrt fährt er nach solchen Crashs weiter

Der Mutige

2001

Das Jahr, in dem Schumi seinen Bruder an die Wand drückt. Der 11. September erschüttert die Welt. Schalke 04 wird Meister der Herzen, Guido Westerwelle neuer FDP-Chef

Es passiert etwas, was es im Leben des Michael Schumacher noch nie gab. Er fährt langsam. Absichtlich langsam.

Monza, fünf Tage nach den schrecklichen Terror-Anschlägen von New York. Er ist verärgert über die Nicht-Absage des Rennens. Schumi schleicht auf Rang vier. Da sitzt er nicht auf dem Podium. Da muss er keine Interviews geben. Sein stiller Protest. Ein Zeichen von Größe. Schumi kann es sich leisten. Weltmeister ist er zu diesem Zeitpunkt ja schon wieder.

Mit 58 Punkten Vorsprung auf David Coulthard (Mercedes) triumphiert Schumi schon im fünftletzten Rennen in Budapest (19. August). Doch die Statistik trügt: Das Jahr 2001 kostet Schumi viel Kraft und noch mehr Nerven.

2. März in Melbourne, Australien. Der Saisonauftakt wird zum Schock-Auftakt. Beim Training zum Großen Preis von Australien erlebt Schumi einen Horror-Crash. In der Marina-Kurve bricht das Heck des Ferrari aus. Bei Tempo 280! Schumi schreddert Richtung Kiesbett, sein Auto überschlägt sich. Einmal. Zweimal. Und landet zum Glück auf den Rädern. Im Ferrari-Motorhome stockt seiner Frau Corinna der Atem. Es ist ihr 32. Geburtstag, und sie bangt um das Leben ihres Mannes.

„Mir war so langweilig, ich hätte gerne eine Tasse Kaffee gehabt."

Dann die Entwarnung: Auf dem Monitor in der Ferrari-Box sieht Corinna, wie Schumi das Lenkrad abnimmt und unverletzt aus seinem Auto klettert. Drei Stunden später singt Schumi gemeinsam mit seinen Mechanikern für seinen Geburtstags-Liebling ein „Happy Birthday"-Ständchen. Schumi eben.

Aber Melbourne ist noch nicht vorbei. Obwohl Schumi das Rennen souverän gewinnt, gibt es auf dem Sieger-Podest keine Schampus-Dusche. Der Grund: 175 Tage nach dem Tod des Streckenposten Paolo Ghislimberti in Monza stirbt wieder ein Helfer. Bei einem Auffahr-Unfall zwischen Bruder Ralf und Jacques Villeneuve hatte sich vom Auto des Kanadiers ein Rad gelöst, war durch den Sicherheitszaun geschossen und hatte den FIA-Marschall Graham Beveridge (51) erschlagen.

Schumi: „Der Tod überschattet meinen Sieg. Ich bin total geschockt und traurig. Wir werden alles uns Mögliche für die Familie des Streckenpostens unternehmen."

Nächstes Rennen in Malaysia. Erneut ein Nervenkrieg für Schumi: Sein Rivale Heinz-Harald Frentzen und dessen Teamchef Eddie Jordan spekulieren öffentlich über eine illegale Traktionskontrolle im Ferrari. Schumi brodelt: „Es ist dumm, solche Gerüchte in die Welt zu setzen. Kompletter Blödsinn!" Im Sintflut-Regen rächt sich Schumi. Teilweise fährt der „Donner-Gott" bis zu einer Minu-

te Vorsprung heraus. Hinterher spottet er: „Mir war so langweilig, ich hätte gerne eine Tasse Kaffee gehabt."

Beinahe hätte Ferrari ihm diesen Sieg vermurkst. Beim Boxenstopp in einer Safety-Car-Phase muß Schumi quälende 72 Sekunden lang hinter seinem Kollegen Rubens Barrichello warten. Hintergrund: Die Mechaniker suchen verzweifelt nach dem vierten Rad des Brasilianers. BILD titelt am nächsten Tag: „Die Boxen-Trottel von Ferrari. Uno, due, tre ... Mamma mia! Wo ist quattro?" Schumi kann erst später darüber lachen: „Ich dachte, Rubens wäre der Motor abgestorben und habe immer in den Funk geschrien, sie sollen ihn endlich wegschieben."

Immer mehr in den Mittelpunkt schiebt sich ab jetzt ein anderer Schumacher: Michaels Bruder Ralf. Nach Platz zwei in São Paulo orakelt Schumi: „Ralf wird mich schon bald schlagen." Schumi behält recht. Beim nächsten Rennen in Imola (15. April) ruckelt Ralf erstmals an der Familien-Ordnung. Michael fällt aus, der kleine Schumi holt in seinem 70. Grand Prix seinen Premieren-Sieg.

Das Flugobjekt ist Prost-Pilot Burti. Er war in Hockenheim auf Schumachers Ferrari (rechts hinten) gerauscht

Mutter Elisabeth Schumacher (†) verfolgt damals das Rennen daheim in Kerpen vorm Fernseher, ist danach überglücklich: „Jetzt habe ich die schnellsten Söhne der Welt!" Die kommen sich ab sofort häufiger ins Gehege ...

„In diesem Sport geht es um sehr viel Geld."

Doch zuerst noch ein Ferrari-Skandal aus Österreich. Die letzte Runde in Zeltweg. Coulthard im Mercedes liegt uneinholbar vor den Ferrari von Barrichello und Schumi. Plötzlich bellt Ferrari-Teamchef Jean Todt in Barrichellos Funk: „Let Michael pass for the championship" (übersetzt: Lass Michael für den WM-Titel überholen). Viermal ignoriert der Brasilianer den dreisten Befehl, beim fünften Mal – direkt auf der Zielgeraden – macht Rubens Platz für Schumi. Er ist Zweiter, Barrichello Dritter.

Die Formel 1 tobt über die Stall-Regie. Schumi verteidigt sich: „Wenn am Ende zwei Punkte für den Titel fehlen, ist das Geschrei groß. In diesem Sport geht es um sehr viel Geld." Barrichellos Wut wird durch einen neuen Zweijahresvertrag gelindert. Die Branche lästert: Bei Ferrari werden die Nummer-2-Fahrer fürs Verlieren bezahlt. Schumi dulde keine Götter neben sich.

Michaels Bruder Ralf merkt dazu spitzzüngig an: „Ich würde nie mit Michael in einem Team fahren. Der hat bisher jeden Team-Kollegen platt gemacht, und ich möchte nicht der Nächste sein."

Lieber macht Ralf den Bruder persönlich platt. Wie in Kanada. Am 10. Juni schreiben die Schumis zusammen Formel-1-Geschichte. Erstmals in ihrer Karriere stehen sie zusammen auf dem Podium. In interessanter Reihenfolge: BMW-Mann Ralf auf Platz 1, Michael auf 2. Ralfs Vorteil

Monza – ein Herz für Ferrari. Fünf Tage nach den Terror-Anschlägen von New York legt Ferrari eine Schweigeminute ein – und fährt mit schwarzer Nase

Malaysia, das zweite Saisonrennen. Schumi wartet hinter Barrichellos Boxenstopp. Die Crew hatte bei dessen Reifenwechsel das vierte Rad vergessen (kleines Foto)

Da schaut Häkkinen (rechts) ungläubig. Ralf Schumacher Erster, Bruder Michael Zweiter

an diesem Tag: Er hat den größeren Tank, kann eine bessere Boxen-Strategie fahren. Schumi ist geknickt, macht aber auf gute Laune: „Wenn ich schon mal verliere, dann am liebsten gegen Schumacher. Bruderliebe hört eben nie auf.“ Die Wahrheit ist eine andere: Schumi verliert noch nicht einmal gegen seinen Bruder gerne. Noch deutlicher: Schumi hasst es, zu verlieren! Egal, gegen wen.

Ralf schenkt mir nichts, ich ihm nichts. Aber wir assen uns immer genug Luft zum Überleben.“

Das bekommt Ralf schon beim darauffolgenden Rennen auf dem Nürburgring zu spüren. Gnadenlos, eiskalt! Unmittelbar nach dem Start drängt ihn Michael ganz nah an die Boxen-Mauer. Ein Brutalo-Manöver, Zentimeter am Crash vorbei.

Verständlich: Nach dem Rennen verweigert Ralf seinem Bruder den Sieges-Glückwunsch, düst stocksauer in seine Wahlheimat Salzburg. Schumi erklärt stattdessen unterkühlt: „Ich wusste, dass ich in der ersten Kurve vorne liegen muss, deshalb habe ich die Regel maximal ausgenutzt. Ralf schenkt mir nichts, ich ihm nichts. Aber wir lassen uns immer genug Luft zum Überleben.“

Abseits der Piste wird die Luft zwischen den Schumis dafür jetzt immer dünner. Die Familien-Harmonie als schleichender Plattfuß: Irgendwann ist die Luft ganz raus ...

Zwar gibt es in Magny-Cours bei Pasta mit Tomatensauce einen 42-minütigen Friedens-Gipfel zwischen Ralf und Michael – doch unmittelbar nach dem medial gut platzierten Vier-Augen-Gespräch kündigt Schumi die nächste Stufe im Bruder-Duell an: „Der Kampf zwischen Ralf und mir wird jetzt noch härter.“

Brutal ist für Schumi erst mal der nächste Test. In der Woche nach seinem zweiten Platz in Silverstone knallt Schumi in Monza mit 310 Stundenkilometern in der Roggia-Schikane ungebremst in die Leitplanken. Ein Horror-Unfall. Wie durch ein

Brüderlich entzweit. Ralf böse auf Michaels Brutal-Start

Das schrieb Bild

3.3. Einer seiner spektakulärsten Unfälle

19.3. Beim Boxenstopp fehlt 4. Rad

14.5. Nach Stallorder in Zeltweg

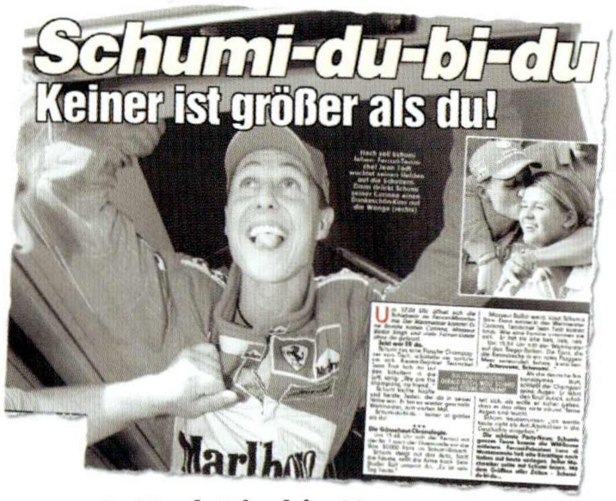

20.8. Nach Titel in Ungarn

Wunder bleibt er unverletzt. Aber er ist geschockt, wie zuletzt nach seinem Beinbruch 1999 in Silverstone: „Es war einfach nur brutal, ein gewaltiger Einschlag. Ich hatte keine Kontrolle mehr. Im Nachhinein, muss ich sagen, hatte ich verdammt viel Glück."

Das hält auch beim folgenden Rennen in Hockenheim. Während Ralf seinen dritten Karriere-Sieg einfährt, erlebt Michael den nächsten schweren Crash. In der Startaufstellung bleibt sein Getriebe im ersten Gang stecken. Plötzlich rauscht ihm Prost-Pilot Luciano Burti mit 250 km/h aufs Heck. Der Italiener wird in die Luft katapultiert, überschlägt sich – und hat viele Schutzengel. Er bleibt, wie Schumi, im Trümmerhagel unverletzt. Ralf Schumacher: „Wahnsinn, bei diesem Unfall wäre noch vor ein paar Jahren nix übrig geblieben."

„Es hat die Formel 1 vor mir gegeben, und es wird sie auch nach mir geben."

Immerhin: Weil auch Coulthard im unterlegenen Silberpfeil – wird wegen seiner Defekt-Anfälligkeit nur noch spöttisch Stotter-Pfeil genannt – wieder keine Punkte holt, behält Schumi auch nach dem Schock-Rennen in der WM-Wertung sein sicheres 37-Punkte-Polster.

Damit startet er in Budapest. Und holt mit seinem 51. Sieg vorzeitig seinen vierten Weltmeister-Titel. Auf der Ehrenrunde weint Schumi vor Glück unter seinem Helm, stammelt in den Teamfunk: „Ich liebe euch alle." BILD titelt: „Schumi-du-bi-du – keiner ist größer als du!"

Die WM-Nacht ist wieder Tanz, Trunk, Trallala. Schumi feiert, wie er fährt. Immer am Limit. Schon zwei Wochen später in Spa schreibt er wieder Vollgas-Geschichte: Mit seinem 52. Erfolg löst er Alain Prost als Rekordhalter ab. Schumacher der Unaufhaltsame.

Gebremst werden kann er 2001 nur von sich selbst. Wie in Monza. Fünf Tage nach der Terror-Attacke auf das World Trade Center fährt Schumi mit schwarzer Ferrari-Nase unter Protest. „Ich bin froh, dass dieses Rennen vorbei ist. Und nichts passiert ist. Alles andere ist unwichtig."

Schumis Manager sagt, was wirklich in seinem Mandanten und Freund vorgeht: „Michael wollte nicht fahren. Monza hätte zwingend abgesagt werden müssen. Leider haben wir hier mal wieder gesehen, dass es in der Formel 1 nur ums Geld geht."

Mit einem zweiten Platz in Indy und einem Sieg in Suzuka bringt Schumi die Nerven-Saison überlegen zu Ende. In den USA gesteht er aber noch, dass er während des Monza-Rennens ernsthaft an Rücktritt gedacht hat. Schumi: „Monza war ein sehr schwieriges Rennen. Dann waren auch einige schwere Unfälle. Da schießen dir schon viele Gedanken durch den Kopf. Es hat die Formel 1 vor mir gegeben, und es wird sie auch nach mir geben. Irgendwann ist für jeden mal Schluss."

Schumis Lieblings-Rivale denkt ähnlich. Der Unterschied zum Ferrari-Star: Häkkinen hängt seinen Helm nach der Saison 2001 wirklich an den Nagel. „Man darf nicht zu gierig sein." Schumi ist es noch. Er rast weiter.

Auf Ferrari-Befehl musste Barrichello (hinten) Schumi in der letzten Runde in Zeltweg vorbeilassen

Der Ferrari-Teamchef unter der Schampus-Dusche von Barrichello (rechts) und Schumacher. Er gewinnt in Ungarn seinen vierten Titel

Schon vier Rennen vor Schluss, in Ungarn, stellt Schumi den Rekord von Prost (51 Siege) ein – und verteidigt seinen Titel mit Ferrari

		1 Australien	2 Malaysia	3 Brasilien	4 San Marino	5 Spanien	6 Österreich	7 Monaco	8 Kanada	9 Europa	10 Frankreich	11 Großbritannien	12 Deutschland	13 Ungarn	14 Belgien	15 Italien	16 USA	17 Japan	TOTAL
1.	M. SCHUMACHER	10	10	6	-	10	6	10	6	10	10	6	-	10	10	3	6	10	**123**
2.	D. COULTHARD	6	4	10	6	2	10	2	-	4	3	-	-	4	6	-	4	4	**65**
3.	R. BARRICHELLO	4	6	-	4	-	4	6	-	2	4	4	6	6	2	6	-	2	**56**
4.	R. SCHUMACHER	-	2	-	10	-	-	-	10	3	6	-	10	3	-	4	-	1	**49**
5.	M. HÄKKINEN	-	1	-	3	-	-	-	4	1	-	10	-	2	3	-	10	3	**37**
6.	J. MONTOYA	-	-	-	-	6	-	-	-	6	-	3	-	-	-	10	-	6	**31**
7.	J. VILLENEUVE	-	-	-	-	4	-	3	-	-	-	-	4	-	-	1	-	-	**12**
	N. HEIDFELD	3	-	4	-	1	-	-	-	-	1	1	-	1	-	-	1	-	**12**
	J. TRULLI	-	-	2	2	3	-	-	-	-	2	-	-	-	-	-	3	-	**12**
10.	K. RÄIKKÖNEN	1	-	-	-	-	3	-	3	-	-	2	-	-	-	-	-	-	**9**
11.	G. FISICHELLA	-	-	1	-	-	-	-	-	-	-	-	3	-	4	-	-	-	**8**
12.	E. IRVINE	-	-	-	-	-	-	4	-	-	-	-	-	-	-	-	2	-	**6**
	H. FRENTZEN	2	3	-	1	-	-	-	-	-	-	-	-	-	-	-	-	-	**6**
14.	O. PANIS	-	-	3	-	-	2	-	-	-	-	-	-	-	-	-	-	-	**5**
	J. ALESI	-	-	-	-	-	-	1	2	-	-	-	1	-	1	-	-	-	**5**
16.	P. DE LA ROSA	-	-	-	-	-	-	-	1	-	-	-	-	-	-	2	-	-	**3**
17.	J. BUTTON	-	-	-	-	-	-	-	-	-	-	-	2	-	-	-	-	-	**2**
18.	J. VERSTAPPEN	-	-	-	-	-	1	-	-	-	-	-	-	-	-	-	-	-	**1**

2002

Der Dominator

In 15 von 17 Rennen fahren die Ferraris als Sieger über die Ziellinie. In Indianapolis bremst sich Dominator Schumacher (11 Siege, fünf Mal Zweiter, ein Mal Dritter) selbst aus. Barrichello (links) gewinnt das gewollte Foto-Finish versehentlich

2002

Das Jahr, in dem Schumi mit der Konkurrenz spielt und sich blamiert. Deutschland diskutiert Schröders Haarfarbe und die Pisa-Studie. Ronaldo zerschießt Kahns WM-Traum

So sehen keine Sieger aus. Barrichello (rechts) und Schumacher schämen sich nach der Teamorder von Zeltweg

Deutschland diskutiert Schröders Haarfarbe und die Pisa-Studie. Astrid Lindgren stirbt. Ronaldo zerschießt Kahns WM-Traum. Schumi fährt die Formel 1 kurz und klein!

Die Formel 1 sieht Rot. 17 Saison-Rennen, 17-mal rast Schumi aufs Podium! Elf Mal ist er Sieger, fünf Mal Zweiter, ein Mal Dritter (Malaysia). Vier weitere Grand Prix gewinnt sein Teamkollege Rubens Barrichello. Ferrari fährt alle an die Wand.

Schumi-Manager Willi Weber: „Wer Michael stoppen will, muss ihm Handschellen anlegen."

Wohl wahr. In diesem Jahr bricht Schumi alle Rekorde. Am Saison-Ende liegt er 94 WM-Punkte (!) vor dem besten Nicht-Ferrari-Fahrer Juan Pablo Montoya (BMW). Überhaupt ist der Hitzkopf-Kolumbianer der einzige Rivale, der Schumi mit sieben Pole-Positionen und einigen knallharten Überholmanövern in dieser Serie Kopfschmerzen bereitet.

Alle anderen Brumm-Schädel-Momente besorgt sich Ferrari selbst. Mit skandalträchtigen Teamordern und verdrehten Wahrheiten. 2002 – die Roten zwischen genial und blamabel.

Schumis Fazit am Jahresende fällt trotz der einmaligen Rekorde dementsprechend verhalten aus: „Ich wünsche mir, dass ich vieles aus dieser Saison nicht noch einmal erleben muss ..."

Er denkt dabei in erster Linie an den Sieg der Schande in Österreich. Er denkt an den 12. Mai. Den A1-Ring in Spielberg. Sieben Runden vor Rennende empfängt Schumis Hilfs-Sheriff Rubens Barrichello, wie schon in der Vorsaison an gleichem Ort, einen Befehl von seinem französischen Chef. „Rubens, let Michael pass. Michael, you win!", funkt Jean Todt mit seinem französisch geprägten Akzent-Englisch in die Cockpits. Im

Schumacher hatte versehentlich das Gas gelupft, Barrichello (unten) rauscht als „falscher" Sieger in Indy über die Backstein-Linie

Er hatte wirklich mehr als einen Schutzengel. Hier steigt Schumacher unverletzt aus seinem völlig zerstörten Ferrari beim Testcrash in Catalunya

Klartext: Lass Michael gewinnen, du bist hier nur der Wasserträger mit der vereinbarten Lizenz zum Verlieren. Wie im Jahr 2001 gehorcht der Brasilianer erst auf den letzten Metern. Auf der Ziel-Geraden saust Schumi an Barrichello (0,182 Sekunden Differenz!) vorbei. Und schämt sich danach bis auf die Knochen.

Auf dem Podest schiebt Schumi seinen Sieg-Helfer zuerst aufs oberste Treppchen, verneigt sich dann vor ihm. Ein peinliches Schauspiel, das besonders dem kleinen Herrscher Todt (Szene-Name: Napoleon) missfällt. Sofort nach der Zeremonie eilt er zu seinen Fahrern, fängt sie vor der Pressekonferenz ab und zieht sie hinter einen Betonpfeiler des Fahrerlagers. Seine Anweisung: „Ihr erklärt jetzt da drinnen, dass ihr nur für Ferrari fahrt und nicht für euch. Das Team hat so entschieden, also wolltet ihr es auch. Sonst sagt ihr nichts!“ Seine Angestellten folgen dem Befehl zur Lüge. Schumi vor den Kameras: „Wir haben das so gewollt. Ich habe erst in der letzten Kurve erfahren, dass ich gewinnen soll. Ich konnte nicht mehr reagieren.“ Die Unwahrheit – sie liegt Schumi noch Monate später schwer im Magen. Ein Freund erzählt: „Schumi ging es sauschlecht. Er hatte kein Verständnis für die Team-Entscheidung. Aber wenn er es gesagt hätte, wäre Präsident Luca di Montezemolo ausgeflippt.“

Doch Montezemolo bleibt ruhig. Das Ausrasten überlassen sie bei Ferrari Fans und Konkurrenz. Die Reaktionen sind gewaltig. „Ferrari ruiniert alles. Die Entscheidung war Selbstmord“, titelt Italiens Sport-Bibel Gazzetta dello Sport. Der „Corriere dello Sport“ schreibt: „Ferrari

Skandal-Sieg auch in Zeltweg. Diesmal musste Barrichello auf Ferrari-Befehl bremsen, Schumi (links) saust mit 0,182 Sekunden Vorsprung übers Ziel

Ferrari-Präsident Montezemolo herzt seinen Titelsammler: Schumi gewann in Magny Cours seine fünfte WM

ist auch in schlechtem Geschmack ganz groß." Die britische SUN schlagzeilt: „Der Tag, an dem die Formel 1 vor Schande starb."

Das ist noch nicht alles. Wettanbieter laufen Sturm gegen die Ferrari-Manipulation. Es gibt Betrugs-Anzeigen gegen Schumi. Schlagerstar Udo Jürgens („Ich fühle mich als Fan verarscht") storniert sogar seine Ferrari-Bestellung. Der Ferrari-Pfarrer Don Alberto wird von seiner Gemeinde aufgefordert, Jean Todt die „Absolution zu verweigern, falls er zur Beichte kommen sollte". Formel-1-Boss Bernie Ecclestone höhnt: „Schumacher hat sich in Österreich benommen wie ein Kerl, der fremd gegangen ist und hinterher seiner Frau einen Blumenstrauß mitbringt."

Man muss hier einfügen, daß sich Manipulationen, Betrugsversuche, Unterstellungen, Lüge, Spionage und alle Gesichter der Widerwärtigkeiten durch die Formel 1 ziehen wie ein roter Faden.

Warum sich also aufregen? Die Formel 1 fährt immer am Limit – auch fernab dem Asphalt.

„Alle kritisieren mich. Warum versteht mich denn niemand? Ich habe doch nichts falsch gemacht. Oder?"

Beispiel? Bitteschön.

Schon vorm nächsten Rennen in Monaco kündigt Technik-Chef Ross Brawn eine mögliche Wiederholung dieser unfairen Gangart an: „Es ist gut möglich, dass wir schon in Monaco wieder einen ähnlichen Beschluss fassen werden. So lange Ferrari nicht mathematisch Weltmeister ist, wird das so laufen."

Im Schickimicki-Paradies wird Schumi Zweiter hinter Mercedes-Fahrer David Coulthard. Schumis 100. Ferrari-Rennen ist ein ehrliches. Am Vorabend hatte der Ferrari-Oberste Montezemolo ein team-internes Machtwort gesprochen: „Wir haben gelernt. So eine Stallorder wie in Österreich wird es bei uns nie wieder geben!"

Parallel kündigt die FIA eine Untersuchung des Stallorder-Skandals an. Die Formel 1 rechnet fest mit der Aberkennung des Schumi-Sieges. Ein Irrglaube! Sechs Wochen nach dem Schande-Rennen verurteilen die Regelhüter Ferrari zu einer Geldstrafe von einer Million Euro. Die höchste Geldbuße in der PS-Geschichte. In den Augen der Ferrari-Konkurrenten ist der Richterspruch trotzdem nur ein Witz-Urteil.

Es lebe Schumacher. Sechs Rennen vor Schluss sichert sich der Ferrari-Star in Frankreich den Sieg und zieht mit dem legendären Fangio (auch fünf Mal Champion) gleich

Ferrari zahlt und lacht. Danach gibt's wieder reine Schumi-Siege. In Montreal. In Silverstone. In Magny-Cours. Mit diesem Sieg in Frankreich, sechs Rennen vor Saison-Ende, ist Schumi erneut Weltmeister. Sein fünfter Titel ist der schnellste der Formel-1-Geschichte.

BILD schreibt: „Plopp-plopp-plopp! Schumpagner für alle!“ Corinna glücklich: „Ich bin so stolz auf meinen Michael. Ich kann das Gefühl gar nicht beschreiben.“

Und Schumis Geld-Vermehrer Weber enthüllt, mit Banane in der Hand, dass der schnellste Autofahrer des Erdballs bis 2006 bei Ferrari verlängern wird. Schumi selbst hat nach seinem Blitz-Titel nur noch Augen für seine Frau. Erst verpasst er Corinna einen Klaps auf den Po, dann ein inniger Kuss hinter seiner Titel-Mütze. Schumi: „Liebe ist das Wichtigste überhaupt. Niemand auf der Welt kann erahnen, was diese Frau für mich bedeutet.“

Dafür wissen sie bei Mercedes, BMW und Renault jetzt endgültig, dass sie gegen diesen Schumi auch in den nächsten Jahren große Probleme bekommen werden. Nach seinem Zugabe-Sieg in Hockenheim erhebt die italienische „Gazzetta dello Sport“ Schumi zum sportlichen Allesfresser: „Schumi, du glücklicher Kannibale. Du und Ferrari haben zwei Völker vereint und zwei Nationalhymnen verbunden.“

DAS SCHRIEB BILD

Schumi und Ferrari – der Sieg der Schande
„Sie verarschen die ganze Welt“
BILD enthüllt: Er wusste, dass er gewinnt – viel früher als er behauptet
BILD enthüllt: Barrichello hat eine Verlierer-Klausel im Vertrag
BILD enthüllt: Er darf nur gewinnen, wenn Schumi ausfällt – oder den WM-Titel schon sicher hat
Schumi Sieg der Schande!
Die Welt-Presse
Den Mythos Ferrari darf man nicht so beschmutzen

14.5. Nach Ferrari-Befehl

Schumi
3 Anzeigen wegen Wett-Betrug

16.5. Zeltweg schlägt hohe Wellen

5. Titel! Schnellster Weltmeister aller Zeiten!
Schumi, lass dich küssen!

22.6. Titel 6 Rennen vor Schluss

Der ewige Weltmeister
Siegt Schumi noch als Rentner?

23.6. Nach Magny Cours

Schluss mit der Formel Verarsche!
Schumi, so machst du deinen Sport kaputt

1.10. Nach Indianapolis

Friede, Freude, Ferrari-Kuchen? Von wegen. Nach dem gesicherten WM-Titel wollen die Roten den stark strapazierten Barrichello wieder besänftigen. Also fährt Schumi in Ungarn statt Kampf- nur noch Schnarchlinien, schenkt seinem Edelhelfer den Sieg und erntet dafür heftige Kritik. BILD titelt „Formel Verarsche“ und fordert zum fairen Sport auf. Zwei Rennen lang geht's gut. Dann kommt Indy ...

Beim Versuch, ein Foto-Finish zu inszenieren, gewinnt versehentlich der zuvor zweitplatzierte Barrichello anstelle von Schumi. Mit 0,011 Sekunden oder 48 Zentimeter Vorsprung. Der knappste Sieg der Formel-1-Historie. 100 000 Amis pfeifen.

Schumi gesteht: „Ich wollte ihn gar nicht gewinnen lassen. Es ist einfach passiert. Der da oben wollte es wohl so. Ich kann mit diesem zweiten Platz gut leben. Jetzt sind wir quitt für die Sache von Österreich.“

Absicht? Zufall? Schumi redet sich fast um Kopf und Kragen – und jammert beim Saison-Finale: „Alle kritisieren mich. Warum versteht mich denn niemand? Ich habe doch nichts falsch gemacht. Oder?“ Die knallrote Genial-und-Skandal-Saison. Sie endet in Japan mit einem Schumi-Sieg.

Zweiter? Natürlich Teamkollege Barrichello. Mit 0,506 Sekunden Rückstand.

Passt. Selbst die jüngsten Japan-Fans sind verrückt nach Schumi

Nach seinem Hockenheim-Sieg schmeckt der Schampus besonders gut – auch wenn einiges daneben geht

Die Ferrari-Dominanz in Zahlen. Schumacher und Barrichello holen in diesem Jahr mit 221 WM-Punkten genau so viele wie die gesamte Konkurrenz zusammen

		1 Australien	2 Malaysia	3 Brasilien	4 San Marino	5 Spanien	6 Österreich	7 Monaco	8 Kanada	9 Europa	10 Großbritannien	11 Frankreich	12 Deutschland	13 Ungarn	14 Belgien	15 Italien	16 USA	17 Japan	TOTAL
1.	M. SCHUMACHER	10	4	10	10	10	10	6	10	6	10	10	10	6	10	6	6	10	**144**
2.	R. BARRICHELLO	-	-	-	6	-	6	-	4	10	6	-	3	10	6	10	10	6	**77**
3.	J. MONTOYA	6	6	2	3	6	4	-	-	-	4	3	6	-	4	-	3	3	**50**
4.	R. SCHUMACHER	-	10	6	4	-	3	4	-	3	-	2	4	4	2	-	-	-	**42**
5.	D. COULTHARD	-	-	4	1	4	1	10	6	-	-	4	2	2	3	-	4	-	**41**
6.	K. RÄIKKÖNEN	4	-	-	-	-	-	-	3	4	-	6	-	3	-	-	-	4	**24**
7.	J. BUTTON	-	3	3	2	-	-	-	-	2	-	1	-	-	-	2	-	1	**14**
8.	J. TRULLI	-	-	-	-	-	-	3	1	-	-	-	-	-	-	3	2	-	**9**
9.	E. IRVINE	3	-	-	-	-	-	-	-	-	-	-	-	-	1	4	-	-	**8**
10.	N. HEIDFELD	-	2	-	-	3	-	-	-	-	1	-	1	-	-	-	-	-	**7**
	G. FISICHELLA	-	-	-	-	-	2	2	2	-	-	-	-	1	-	-	-	-	**7**
12.	J. VILLENEUVE	-	-	-	-	-	-	-	-	-	3	-	-	-	-	-	1	-	**4**
	F. MASSA	-	1	-	-	2	-	-	-	1	-	-	-	-	-	-	-	-	**4**
14.	O. PANIS	-	-	-	-	-	-	-	-	-	2	-	-	-	-	1	-	-	**3**
15.	M. WEBBER	2	-	-	-	-	-	-	-	-	-	-	-	-	-	-	-	-	**2**
	T. SATO	-	-	-	-	-	-	-	-	-	-	-	-	-	-	-	-	2	**2**
	M. SALO	1	-	1	-	-	-	-	-	-	-	-	-	-	-	-	-	-	**2**
	H. FRENTZEN	-	-	-	-	1	-	1	-	-	-	-	-	-	-	-	-	-	**2**

2003

Der Eiskalte

Beim Tankstopp in Zeltweg spritzt Benzin aus einer kaputten Dichtung. Flammen züngeln aus dem Tank. Michael Schumacher bleibt eiskalt sitzen. Und siegt

2003

Das Jahr, in dem Schumi mit sechs Titeln Alleinherrscher wird. Jürgen Möllemann stürzt in den Tod. Der Sars-Virus bedroht die Welt. Rudi Völler flippt im Fernsehen aus

Welt-Welt-Welt-Welt-Welt-Weltmeister. Mit seinem sechsten Titel überholt Schumi den ewigen Rekordhalter Juan Manuel Fangio (5 WM-Siege zwischen 1951 und '57) und fährt auf den Formel-1-Olymp.

Die ganze Welt verbeugt sich. Michael Schumacher ist Deutschlands erfolgreichster Sportler aller Zeiten.

„... Ich finde das ganz schön übertrieben. Ich bin doch kein Übermensch!"

Schumi ganz oben – aber die Jubelarien sind ihm peinlich: „Laut Umfragen soll ich jetzt angeblich größer als Beckenbauer, Schmeling oder Boris Becker sein. Also, im Ernst: Ich finde das ganz schön übertrieben. Ich bin doch kein Übermensch!"

Auf der Rennstrecke schon.

Schumis Legenden-Jahr – der Beginn ist eher unterirdisch als übermenschlich. Drei Rennen, kein Sieg. Sogar dem Maestro selbst unterlaufen Patzer: Fahrfehler in Australien (Rang 4). Dumme Start-Panne in Malaysia (Platz 6). Total-Ausfall im Regen-Rennen von Brasilien. Die Konkurrenz freut sich. Mercedes-Rivale David Coulthard stichelt: „Ich habe es ja immer gesagt: Unter Druck macht Schumi Fehler." Nach nur drei Rennen schon 18 Punkte Rückstand auf den neuen Mercedes-Finnen Kimi Räikkönen. „La Repubblica" orakelt voreilig: „Schumi ist nicht mehr Herrscher der Formel 1. Die Ferrari-Regentschaft ist ernsthaft in Gefahr."

Die Ferrari-Ingenieure entscheiden trotz guter Testergebnisse, Schumis Neuwagen, den F-2003 GA (nach dem verstorbenen Fiat-Ehrenpräsident Giovanni Agnelli benannt), erst beim vierten Rennen in Imola einzusetzen. Eine Risiko-Entscheidung, die sich im Saison-Verlauf als große Hypothek erweist. Denn auch in Imola verzichtet Ferrari wegen „weiterer Kinderkrankheiten" auf den Einsatz des neuen Autos.

Aber darüber redet in Italien am Ende niemand mehr. Der Grand Prix in Imola wird das schwerste Wochenende im Leben von Michael und Ralf Schumacher. In der Woche vorm Rennen bricht ihre Mutter Elisabeth daheim in Kerpen zusammen. Innere Blutungen. Not-Operation. Intensivstation. Künstliches Koma. Von der Teststrecke eilen die Brüder ans Krankenbett in die Kölner Uniklinik. Ralf und Michael tun alles, was in ihrer Macht steht, besorgen Spezialisten, sind rund um die Uhr bei ihrer Mutter.

Am 17. April reisen beide nach Imola. Freitag Training, Samstag Qualifying. Michael düst auf die Pole Position, Ralf erkämpft sich Start-

Ein Ferrari-Helfer schnappt sich den Feuerlöscher, hält auf den Ferrari. Auch der Tankschlauch brennt (gr. Foto).
Dann: Die Flammen sind gelöscht (links), Schumi fährt weiter

platz 2. Gänsehaut-Momente. Aber das Schicksal kümmert keine Bestzeit. Es hat seine eigene Uhr.

45 Minuten nach dem Qualifying teilt der Chefarzt in Köln den Schumacher-Söhnen telefonisch mit, dass sich der Zustand ihrer Mutter dramatisch

„Mutter hätte gewollt, dass wir fahren. Da sind wir uns sicher.“

Schumacher rutscht beim Regenrennen von Brasilien raus, geht genervt zu Fuß an die Box

verschlechtert hat. In einem schwarzen Maserati 3200 GT lassen sich Ralf und Michael gemeinsam mit ihren Frauen Cora und Corinna aus dem Fahrerlager zu einem Hubschrauber bringen. Von dort aus geht es zum Mini-Flughafen in Bologna, um 16.20 Uhr weiter in Ralfs Privatjet nach Köln.

Der Blitz-Flug zur todkranken Mutter – es ist das letzte Mal, dass sie ihre geliebte Elisabeth sehen. Um 17.45 landen sie in Köln-Bonn. Vater Rolf Schumacher holt seine Söhne und ihre Frauen mit einem blauen Ford Mondeo ab. Gemeinsam fahren sie in die Klinik. Gut drei Stunden bleiben sie bei ihrer Mutter am Krankenbett. Um 21.12 Uhr fliegen die Schumis zurück nach Imola.

Am frühen Ostersonntag die traurige Nachricht: Mutter Schumacher ist im Alter von 55 Jahren an einem tückischen Krebsleiden verstorben. Michael zieht sich sofort in den Ferrari-Bus zurück, weint bitterlich. Ralf steht unter Schock.

Dennoch steigen beide um 14 Uhr in ihre Autos. 93 Minuten und 62 Runden lang tauchen Michael und Ralf unter ihren Helmen ab, sind mit sich, ihren Gefühlen und dem Asphalt allein. Schumi besiegt die Trauer und die Konkurrenz. Ralf wird Vierter.

Auf der Ehrenrunde bricht Michael in Tränen aus. Der Boxenfunk bleibt lange still. Dann murmelt Michael „danke“ zur Box. Erst unmittelbar vor der Siegerehrung nimmt er seinen Helm ab, mit gesenktem Haupt und Trauerflor am Arm weint Schumi bei der Hymne. Interviews und Pressekonferenz sagt er ab. 18 Minuten später verschwindet er mit Frau Corinna in die Heimat.

Nach dem Trauer-Rennen diskutiert die Formel 1 den Start der Schumis. Nur Michael und Ralf können die Antwort kennen: „Mutter hätte gewollt, dass wir fahren. Da sind wir uns sicher.“

Zwei Wochen später klettert Schumi erstmals bei einem Rennen in seinen neuen Ferrari. Wegen der Kühl-Kiemen tauft BILD den F2003-GA auf den Namen Roter Hai. Und der Hai, der hat Zähne. Schumi-Sieg in Barcelona. Schumi-Sieg in Spielberg. In Österreich hält sogar ein Feuer beim Boxen-Stopp (Ursache: kaputte Dichtung) den Ferrari nicht auf. Schumi: „Ich hatte den Finger schon am Knopf für den Schleudersitz.“ Er selbst bleibt eiskalt.

Vorm Kanada-Grand-Prix lüftet er ein schlecht gehütetes Geheimnis:

seine Vertragsverlängerung bis 2006. Schumi kassiert weiter jede Saison 35 Millionen Euro. Auch seine Ferrari-Freunde Jean Todt und Ross Brawn verlängern. Schumi: „Wir sind eine echte Familie, wollen noch viele Titel holen!"

Mit dem Sieg in Montreal brettert der „Ferrari-Hai“ zurück an die WM-Spitze. Er führt mit 54:51 Punkten vor Räikkönen. Am 3. August folgt eines der kuriosesten Schumi-Rennen seiner Karriere.

Nach einem Knallhart-Zweikampf mit BMW-Pilot Juan Pablo Montoya rauscht Schumi in Runde 43 auf dem Nürburgring in den Kies – und steckt fest.

Wie verrückt wedelt er mit den Armen, schreit in Richtung der Streckenposten unter seinem Helm „schiebt mich! schiebt mich“. Lkw-Fahrer Michael Prosotovitz, Kfz-Mechaniker Jörg Karl, Schreiner Marko Kowlack und Schweißer Frank Intermann tun es tatsächlich. Und werden zum WM-Quartett. Durch ihren

Mein lieber Schieber! Drei Streckenposten und der Baggerfahrer helfen Schumi am Nürburgring aus dem Kies. Er holt durch diese Hilfsaktion vier entscheidende WM-Punkte

DAS SCHRIEB Bild

22.4. Schumi-Sieg nach Tod der Mutter

26.4. Schumi-Brüder am Grab

20.5. Nach Tank-Feuer

13.10. Nach seinem 6. Titel

15.10. Der Größte schreibt in BILD

Der Imola-Sieger gedenkt seiner verstorbenen Mutter

erlaubten Hilfseinsatz als Streckenposten fährt Schumi auf Rang fünf, holt vier Punkte. Sie sollten am Ende entscheidend sein …

Vorher muss der fünfmalige Champion noch einen bitteren Moment erleben. Diesmal auf der Strecke. In Ungarn wird er von Sensations-Sieger Fernando Alonso (Renault) überrundet! Nur Platz acht. Ist der Generationswechsel eingeläutet? Schumi werden jetzt immer wieder seine eigenen Worte vorgehalten: „Wenn eines Tages ein Junger kommt und schneller ist als ich, höre ich auf."

> **„Wenn eines Tages ein Junger kommt und schneller ist als ich, höre ich auf."**

Noch ist es nicht so weit.

Letztes Rennen. Japan. Dem Titelverteidiger reicht ein achter Platz zu seiner sechsten WM-Krone. Er startet plötzlich nur von Platz 14. Rivale Räikkönen von Rang 8. Ein Herzschlag-Finale. Schumi im Rennen nach Crash mit Sato Letzter! Er kämpft. Wie immer. Barrichello siegt. Räikkönen Zweiter. Und Schumi? Mit einem Bremsplatten rettet er sich ins Ziel. Räikkönen 91 Punkte, Schumacher 93. Ja, wieder Champion! Manager Weber: „Mir ist vor Blutdruck fast die Birne geplatzt."

Schumi platzt der Kopf vor Freude. Mit seinen Kerpen-Kumpels Peter Kaiser und Heribert Füngeling braust er mit einem Gabelstapler durchs Suzuka-Fahrerlager. Die Wände bei Promi-Wirt Karlheinz Zimmermann zeigen deutliche Spuren von Ausgelassenheit. So wie das offene Toyota-Hemd, das jemand Schumi übergehängt hat. Die Höflichkeit verbietet

Die Ferrari-Crew sieht Sterne, feiert Schumis sechsten Titel

die Veröffentlichung weiterer Einzelheiten.

Gegen 5.30 Uhr scheitert Corinnas letzter Versuch ihrer Trink-Stopp-Strategie. Ihr Mann spielt im Hotel-Garten Fußball mit Journalisten und schmettert dem bereits abreisenden Frentzen früh um 7 Uhr in der Hotel-Lobby ein fröhliches „Viva Colonia" entgegen. Noch zwei Tage später leidet der Party-Meister: „Ui-ui-ui, war das eine Feier. Auf dem Heimflug hatte ich immer noch einen 1000-PS-Schädel. Mit locker 19 000 Umdrehungen ..."

Tage später verrät Schumi in einer BILD-Serie ein süßes Geheimnis: „Meine Kinder zünden vor jedem Rennen Kerzen für mich an. Manchmal machen Corinna, Gina-Maria und Mick einen richtigen Sonntagsausflug daraus.

Sie fahren durch die Gegend, suchen eine schöne Kirche, in der sie dann ihre Kerzen anzünden. Ich glaube, etwas Lieberes kann man als Vater nicht erfahren."

Die Entscheidung im letzten Rennen. Räikkönen holt sieben zweite Plätze (!), aber nur einen Sieg. Deshalb reicht's für den Finnen am Schluss nur für den Vize

		1 Australien	2 Malaysia	3 Brasilien	4 San Marino	5 Spanien	6 Österreich	7 Monaco	8 Kanada	9 Europa	10 Frankreich	11 Großbritannien	12 Deutschland	13 Ungarn	14 Italien	15 USA	16 Japan	TOTAL
1.	M. SCHUMACHER	5	3	-	10	10	10	6	10	4	6	5	2	1	10	10	1	**93**
2.	K. RÄIKKÖNEN	6	10	8	8	-	8	8	3	-	5	6	-	8	5	8	8	**91**
3.	J. MONTOYA	8	-	-	2	5	-	10	6	8	8	8	10	6	8	3	-	**82**
4.	R. BARRICHELLO	-	8	-	6	6	6	1	4	6	2	10	-	-	6	-	10	**65**
5.	R. SCHUMACHER	1	5	2	5	4	3	5	8	10	10	-	-	5	-	-	-	**58**
6.	F. ALONSO	2	6	6	3	8	-	4	5	5	-	-	5	10	1	-	-	**55**
7.	D. COULTHARD	10	-	5	4	-	4	2	-	-	4	4	8	4	-	-	6	**51**
8.	J. TRULLI	4	4	1	-	-	1	3	-	-	-	3	6	2	-	5	4	**33**
9.	J. BUTTON	-	2	-	1	-	5	-	-	2	-	1	1	-	-	-	5	**17**
	M. WEBBER	-	-	-	-	2	2	-	2	3	3	-	-	3	2	-	-	**17**
11.	H. FRENTZEN	3	-	4	-	-	-	-	-	-	-	-	-	-	-	6	-	**13**
12.	G. FISICHELLA	-	-	10	-	-	-	-	-	-	-	-	-	-	-	2	-	**12**
13.	C. DA MATTA	-	-	-	-	3	-	-	-	-	-	2	3	-	-	-	2	**10**
14.	N. HEIDFELD	-	1	-	-	-	-	-	-	1	-	-	-	-	-	4	-	**6**
	O. PANIS	-	-	-	-	-	-	-	1	-	1	-	4	-	-	-	-	**6**
	J. VILLENEUVE	-	-	3	-	-	-	-	-	-	-	-	-	-	3	-	-	**6**
17.	M. GENE	-	-	-	-	-	-	-	-	-	-	-	-	-	4	-	-	**4**
18.	T. SATO	-	-	-	-	-	-	-	-	-	-	-	-	-	-	-	3	**3**
19.	R. FIRMAN	-	-	-	-	1	-	-	-	-	-	-	-	-	-	-	-	**1**
	J. WILSON	-	-	-	-	-	-	-	-	-	-	-	-	-	-	1	-	**1**

2004

Der König

Das Denkmal hinter der Champagner-Fontäne. Michael Schumacher reicht am 29. August in Spa ein zweiter Platz zu seinem siebten Titel

2004

Das Jahr, in dem Schumi alle in Grund und Boden fährt. Der Tsunami tötet über 130000 Menschen. Die Nasa erobert den Mars. Otto Rehakles holt den EM-Titel

Auch in Monza dominieren die Ferrari. Rubens Barrichello diesmal vor Michael Schumacher

Zum siebten Mal Formel-1-Weltmeister. Schumi, der Triumphator. Schumi, der Aller-aller-allergrößte! 13 Erfolge in 18 Rennen.

Teamchef Frank Williams: „Wenn das mit Schumi so weitergeht, hält das der Sport nicht aus." Formel-1-Chef Bernie Ecclestone: „Wir benötigen dringend einen anderen Weltmeister, sonst geht die Formel 1 kaputt." Die Verzweiflung der PS-Dinosaurier – sie ist in Wahrheit die höchste Auszeichnung für Schumi.

Fünf Rennen, fünf Siege – schon am Abend des 9. Mai in Barcelona hat der Ferrari-Superstar der Konkurrenz endgültig alle Illusionen auf seinen Sturz genommen. BILD hatte – etwas gewagt sicherlich – schon nach seiner Gala-Vorstellung beim zweiten (!) Rennen in Malaysia gratuliert: „Herzlichen Glückwunsch zum 7. Titel, Mr. Unschlagbar".

„Alles klar, beim nächsten Mal setze ich den Blinker."

Beim Saisonauftakt in Melbourne und dann in Malaysia überrundet Schumi jeweils zwei Drittel des gesamten Fahrer-Feldes. Seine härtesten Jäger aus der Vorsaison, Mercedes und BMW, hängt er dabei mit bis zu einer Minute ab. Beispiel für seine Dominanz: In Imola benötigt Schumi gerade einmal 39 Minuten, dann hat er beide Mercedes überrundet! Unmöglich, dieses Defizit während einer Saison aufzuholen. Die Formel 1 zerschellt an Schumi.

Selbst Ferrari-Teamchef Jean Todt kann es kaum fassen: „Wir denken vor jedem Jahr: Besser kann Michael nicht mehr werden. Wir täuschen uns jedes Mal aufs Neue."

Schumi fährt seine Gegner so schwindelig, dass sie auch nach dem Rennen so manches Mal nicht geradeaus denken können. BMW-Pilot Juan Pablo Montoya flippt nach einem Schumi-Abwehrmanöver in Imola aus. Erst zeigt er dem Weltmeister einen

Einschlag mit 345 km/h in Monza. Schumacher ist aus seinem roten Trümmerhaufen ausgestiegen (links). Er legt sich ins Gras, guckt mit offenem Visier zum Himmel, als wollte er sich beim lieben Gott bedanken

Mit fünf Siegen hintereinander kommt Schumi zum Glitzer-Grand-Prix nach Monaco – und fällt nach Montoya-Abschuss aus

Scheibenwischer, dann pöbelt er: „Schumi ist blind oder dumm!" Eine exklusive Montoya-Meinung, über die Schumi nur lachen kann: „Alles klar, beim nächsten Mal setze ich den Blinker."

Überflüssig. Im Tunnel von Monaco schießt der bereits überrundete Montoya während einer Safety-Car-Phase Schumi ab. Manager Willi Weber: „Montoya ist verrückt. Der gehört sofort zum Idioten-Test." Schumacher juckt das Montoya-Theater nicht weiter, er antwortet wie immer: mit ersten Plätzen! Dem Ausfall im Fürstentum lässt er sieben Siege in Serie folgen. Bei einem stockt ihm das Herz.

Großer Preis der USA. Mit 324 km/h fliegt Ralf nach einem Reifenplatzer in der Steilkurve in die Mauer. Sechs Minuten lang sitzt er auf der Start-Ziel-Geraden fast regungslos in seinem Auto, erst dann kommen die Sanitäter. Fünf Mal rast Michael an seinem eingeklemmten Bruder im BMW-Wrack vorbei. Entsetzt fragen sich alle: Warum hält er nicht an? Warum steigt er nicht aus? Ist ihm ein weiterer Sieg etwa wichtiger als die Gesundheit seines Bruders?

Schumi beantwortet diese Fragen nach dem Rennen von sich aus. „Ich habe mir schreckliche Sorgen gemacht. Mein erster Gedanke war: Anhalten und aussteigen. Dann funkte ich sofort die Box an. Ross Brawn sagte mir: Ralf kann sich bewegen. Da fiel mir ein Stein vom Herzen und

DAS SCHRIEB Bild

22. 3. Nach 2. Saisonsieg - mutig

10. 5. Fünf Starts, fünf Siege

4. 9. Schlimmer Test-Unfall in Monza

11. 10. Michael vor Ralf in Japan

Hier führt Schumi noch in Spa vor Räikkönen. Später zischt der Silberpfeil vorbei – Schumi trotzdem Weltmeister

ich blieb im Auto. Ich wurde ständig per Funk auf dem Laufenden gehalten, wie es Ralf ging."

Sofort nach seinem Sieg fährt Schumi mit Corinna zu Ralf ins Methodist Hospital von Indianapolis. Dort die Entwarnung – Ralf hat ein schweres Schleudertrauma und Wirbel-Verletzungen. Er pausiert sechs Rennen, fährt erst die letzten drei wieder mit.

„Dieser Vier-Stopp-Sieg wird in die Geschichte eingehen. Ich bin so stolz. No risk, no fun – einfach perfekt."

Dazwischen schreibt Michael Schumacher eine weitere Formel-1-Geschichte. In Magny Cours zaubert Ross Brawn seinen Lieblingsfahrer mit einer Vier-Stopp-Strategie an Renault-Pilot Alonso vorbei zum Sieg. Schumis Ta(n)ktik-Erfolg – das gab's nie zuvor. Schumi: „Unglaublich, wie das geklappt hat. Dieser 4-Stopp-Sieg wird in die Geschichte eingehen. Ich bin so stolz. No risk, no fun – einfach perfekt."

Der Spaß geht weiter. In Belgien reicht Schumi ein zweiter Platz hinter Räikkönen zum frühzeitigen Champions-Dinner. 700. Ferrari-Rennen, 7. Schumi-Titel. Mit 150 Gästen feiert der Kerpener im „Dorint"-Hotel von Spa durch die Nacht. Schumi, der Partynator. Der einfach nicht genug bekommt. Nur 24 Stunden nach seiner Triumph-Tour bläst er zur nächsten Attacke: „Ich freue mich tierisch auf die nächste Saison. Ans Aufhören verschwende ich noch keine Gedanken – ich will Titel Nummer acht holen!"

Auf die belgische Titel-Sause Nummer 7 folgt ein Schock-Moment. Beim Test auf dem High-Speed-Kurs in Monza schlägt Schumi am 2. September um 16.58 Uhr mit Tempo 345 heckwärts in die Leitplanken. Dem Ferrari reißt es Motor und Getriebe raus. Schumi sitzt regungslos im Auto. Wie BILD später enthüllt, ist er zu diesem Zeitpunkt kurz bewusstlos. Nach ein paar Minuten steigt Schumi aus, legt sich neben sein Auto ins Gras. Wieder Bangen. Dann steht er auf. Die Fans klatschen Beifall. Unfassbar: Schumi bleibt wieder unverletzt.

Der Höllen-Unfall von Monza – schon sein 15. Elf davon waren schwer. Nicht verwunderlich, dass Schumi immer häufiger zweifelt, wie lange sein Glück wohl noch anhält. Der 1971 in Brands Hatch tödlich verunglückte Schweizer Jo Siffert (96 Grand Prix) hatte mal gesagt: „Jeder Rennfahrer hat ein Scheckheft. Darin sind nur eine gewisse Anzahl von Blättern. Jedes Blatt steht für einen Unfall, den er heil überlebt."

Wie viele Blätter hat Michael Schumacher noch in seinem Scheckbuch? Zehn Tage nach dem Test-Unfall

Jubel Nr. 7. Michael Schumacher mit blondierten Haarspitzen und Teamchef Jean Todt (vorn links) mit abgeklebten Fingernägeln (wegen Nervositäts-Knabbern)

triumphiert er beim Rennen in Monza. Doppel-Sieg mit Barrichello. Es folgt: eine Ode an die Oma. Schumi: „Diesen Moment möchte ich meiner Oma widmen, die heute ihren 80. Geburtstag feiert. Alles Gute, liebe Anna. Ich liebe dich.“ Dauer-Weltmeister Schumi – auch als Enkel ist er einfach spitze.

13 Siege – neuer Saisonrekord. Übrigens das zweite Jahr, in dem die ersten acht Punkte kriegen: 10 der Sieger, 8 der Zweite, 6 der Dritte und dann 5 bis 1 Punkt

		1 Australien	2 Malaysia	3 Bahrain	4 San Marino	5 Spanien	6 Monaco	7 Europa	8 Kanada	9 USA	10 Frankreich	11 Großbritannien	12 Deutschland	13 Ungarn	14 Belgien	15 Italien	16 China	17 Japan	18 Brasilien	TOTAL
1.	M. SCHUMACHER	10	10	10	10	10	-	10	10	10	10	10	10	10	8	8	-	10	2	**148**
2.	R. BARRICHELLO	8	5	8	3	8	6	8	8	8	6	6	-	8	6	10	10	-	6	**114**
3.	J. BUTTON	3	6	6	8	1	8	6	6	-	4	5	8	4	-	6	8	6	-	**85**
4.	F. ALONSO	6	2	3	5	5	-	4	-	-	8	-	6	6	-	-	5	4	5	**59**
5.	J. MONTOYA	4	8	-	6	-	5	1	-	-	1	4	4	5	-	4	4	2	10	**58**
6.	J. TRULLI	2	4	5	4	6	10	5	-	5	5	-	-	-	-	-	-	-	-	**46**
7.	K. RÄIKKÖNEN	-	-	-	1	-	-	-	4	3	2	8	-	-	10	-	6	3	8	**45**
8.	T. SATO	-	-	4	-	4	-	-	-	6	-	-	1	3	-	5	3	5	3	**34**
9.	R. SCHUMACHER	5	-	2	2	3	-	-	-	-	-	-	-	-	-	-	-	8	4	**24**
	D. COULTHARD	1	3	-	-	-	-	-	3	2	3	2	5	-	2	3	-	-	-	**24**
11.	G. FISICHELLA	-	-	-	-	2	-	3	5	-	-	3	-	1	4	1	2	1	-	**22**
12.	F. MASSA	-	1	-	-	-	4	-	-	-	-	-	-	-	5	-	1	-	1	**12**
13.	M. WEBBER	-	-	1	-	-	-	2	-	-	-	1	3	-	-	-	-	-	-	**7**
14.	O. PANIS	-	-	-	-	-	1	-	-	4	-	-	-	-	1	-	-	-	-	**6**
	A. PIZZONIA	-	-	-	-	-	-	-	-	-	-	-	2	2	-	2	-	-	-	**6**
16.	C. DA MATTA	-	-	-	-	-	3	-	-	-	-	-	-	-	-	-	-	-	-	**3**
	C. KLIEN	-	-	-	-	-	-	-	-	-	-	-	-	-	3	-	-	-	-	**3**
	N. HEIDFELD	-	-	-	-	-	2	-	1	-	-	-	-	-	-	-	-	-	-	**3**
19.	T. GLOCK	-	-	-	-	-	-	-	2	-	-	-	-	-	-	-	-	-	-	**2**
20.	Z. BAUMGARTNER	-	-	-	-	-	-	-	-	1	-	-	-	-	-	-	-	-	-	**1**

2005

Schwarze Stunde für die Formel 1. Reifenhersteller Michelin verzichtet in Indy aus Sicherheitsgründen – nur sechs Autos sind gestartet. Die zwei Ferrari, die Jordan und Minardi

Der Einsame

2005

Das Jahr, in dem Schumi und Ferrari abstürzen. Wir sind Papst. Schiedsrichter Hoyzer stürzt den deutschen Fußball in einen Skandal. Angela Merkel kommt als Kanzlerin

Gedemütigt. Verspottet. Nach fünf Ferrari-Titeln in Serie fährt Schumacher zur Abwechslung mal wieder auf die Verliererstraße. Renault-Shootingstar Fernando Alonso entthront den Rekord-Weltmeister und kürt sich selbst zum jüngsten Champion der Formel-1-Geschichte. Zum Saisonende hat Schumi als WM-Dritter schmerzlich-vielsagende 71 Punkte Rückstand auf den 24-jährigen Spanier.

„Ich weiß, dass unsere Serie irgendwann reißen wird. Damit muss ich leben."

Am 4. September in Monza ist es amtlich. Nach einem Desaster-Rennen und Platz zehn kann der Meister seinen Titel nicht mehr verteidigen. Er holt sich mit diesem Satz aus seinem Emotions-Tief: „Ich bin selbst sehr überrascht, so lange Weltmeister gewesen zu sein."

Vielleicht war es Überheblichkeit, vielleicht Arroganz. Vielleicht aber auch Nachlässigkeit, vielleicht Müdigkeit. Oder von allem ein bisschen was, dass Ferrari in diesem Jahr ausgebremst wird. Für die Konkurrenz und die Formel-1-Fans ein Segen, dass frischer Wind reinkommt. Für Ferrari natürlich bitter.

Schon bei den Winter-Tests fröstelt die Zuversicht des Dauersiegers. „Wir haben fünf Jahre lang Niederlagen abwehren können. Wenn uns das jetzt nicht mehr gelingen sollte, dann eben nicht. Ich weiß, dass unsere Serie irgendwann reißen wird. Damit muss ich leben. Ich bin Realist."

Motoren platzen reihenweise. Die neue Triebwerks-Regel (jeder 8-Zylinder-Motor muss ab sofort zwei Rennen lang halten) bereitet Probleme. Die Bridgestone-Reifen funktionieren nicht mehr so wie in den Jubel-Jahren. Ferrari schickt einen überarbeiteten „Gebrauchtwagen" F2004M in die Saison.

Der Auslöser des Indy-Skandals. Ralf Schumacher platzt ein Reifen, er kracht in die Mauer. Die Fans fordern nach dem Geisterrennen ihr Geld zurück, buhen den unglücklichen Sieger Schumi aus

2005

Bruderjagd in Monaco. Michael sitzt Ralf im Heck. Später auf der Zielgeraden kommt es beinahe zum Crash

Wer Schumi rechts überholen will, ist selber schuld. In Australien schubst er Heidfeld (hinten) von der Piste

Schon der Auftakt ein Debakel. In Melbourne kämpft Schumi in Runde 42 mit seinem Freund Nick Heidfeld (BMW) um Platz 8. Als der Mönchengladbacher rechts vorbeiziehen will, macht Schumi brutal die Tür zu. Renn-Aus. Null-Punkte-Start.

Nächstes Rennen, nächste Verzweiflung. Nur Rang 7, fast 80 Sekunden hinter Sieger Alonso. Nur zwei Punkte nach zwei Grand Prix. Kaum zu glauben, dass er im Vorjahr im gleichen Wagen 13 von 18 Rennen gewonnen hat.

Erste Rücktritts-Gerüchte. Schumacher erfährt, dass sein Präsident Luca di Montezemolo nach einem Nachfolger für ihn suchen lässt. In Maranello schrillen alle Alarmglocken. In Kerpen beichtet Vater Rolf: „Ich bin zu aufgeregt, um die Rennen live im TV anzuschauen. Ich habe mir mal ein Messgerät angelegt. Beim Start hatte ich schon einen Puls von 170. Das tue ich mir nicht mehr an."

Sein Sohn muss da durch. In Imola flammt Hoffnung auf. Nach einem Qualifying-Fehler nur 13., im Rennen pflügt er sich sensationell auf Rang 2 vor. Zwölf Runden lang scheucht er Sieger Alonso. Renault-Teamchef Briatore: „Ich hatte fast Herzprobleme, so sehr habe ich befürchtet, dass Michael Fernando noch abfängt."

Die Konkurrenz zittert wieder. Aber nicht lange. Aus in Barcelona. Die „Reifen-Pfeifen" von Bridgestone werden geboren. Irgendwie scheint bei Ferrari die Luft raus. Alonso-Boss Flavio Briatore spottet: „Michael ist zu alt. An Fernando beißt er sich die Zähne aus." Auch von Mercedes-Kimi fliegt eine Breitseite: „Er ist doch nur noch dazu da, um geschlagen zu werden."

Schumacher ist genervt. In Monaco dreht er ein ganz gefährliches Ding mit Bruder Ralf. Auf der Zielgeraden – es geht um Platz sechs – will er sich mit letztem Einsatz an Ralfs Toyota vorbeiquetschen. Die Katastrophe streifen sie bei Tempo 270: Linkes Vorderrad des Ferrari und rechter Hinterreifen des Toyota.

Verständlich, dass Ralf tobt: „Mein Bruder hat sie nicht mehr alle! Wenn sich unsere Reifen nur minimal anders berühren, bricht sich mindestens einer von uns den Hals! Ich habe das Gefühl, manchmal schaltet Michael sein Gehirn ab."

Türkei – das vierte von sieben Null-Punkte-Rennen dieses Jahr

Nach dem Vorfall Schumis übliches Versteckspiel. Erst im Motorhome, dann hinter einer verspiegelten Sonnenbrille. „Ich war nur sechs Hundertstelsekunden hinter Ralf. Meine Attacke ist berechtigt. Ich bin Vollblut-Rennfahrer. Wir sind nicht auf einer Kaffeefahrt."

Kaffeefahrt! Jetzt flippt Ralf endgültig aus: „Wir sind auch nicht hier, um uns gegenseitig in Lebensgefahr zu bringen. Das ist doch alles nur Frust bei Michael, weil dieses Jahr nix geht bei ihm."

Michael gegen Ralf – der Graben zwischen den Brüdern wird tiefer. Ex-Weltmeister Niki Lauda spricht aus, was die Schumis verheimlichen: „Seit Michael den Ralf 2001 auf dem Nürburgring an die Mauer gedrückt hat, stimmt es in der Familie nicht mehr. "

Am Nürburgring die Schein-Versöhnung. Auf einer Pressekonferenz schüttelt Ralf seinem Bruder die Hand. Das Drehbuch will es so. Auch das Herz? Da kann keiner außer den beiden reingucken. Die üblichen Floskeln werden, wie so oft in der Formel 1, gereicht.

Michael: „Egal, was passiert: Ich vergesse nie, dass Ralf mein geliebter Bruder ist."

Ralf: „Wir haben eben alle mal verschiedene Meinungen."

Drehbuch Ende. Hinter den Kulissen sieht's, in der Formel 1 wie in Hollywood (Formel 1 ist Hollywood),

Das schrieb Bild

Rambo Schumi
Er drängte Heidfeld von der Piste – und entschuldigte sich nicht mal

7. 3. Nach Auftakt in Melbourne

Darum kriecht er nur hinterher
Schnecke Schumi

21. 3. Zwei Rennen, zwei Punkte

Hier biegt Schumi von der WM ab
Sein neuer Ferrari hielt nur 19 Minuten durch

4. 4. Drittes Rennen, zweiter Ausfall

Krieg der Schumis
Ralf „Mein Bruder hat sie nicht alle"

23. 5. Riesen-Zoff nach Monaco

Formel-1-Schande
Schumi Skandal-Sieg
Montag, 20. Juni 2005, 0,50 €
Bild
UNABHÄNGIG · ÜBERPARTEILICH
• Reifen-Chaos • Nur 6 Autos starten • Fans drehen durch

20. 6. Reifen-Chaos von Indy

Alonsos Meisterprüfung. Schumi hetzt den Spanier in Imola, Alonso bleibt vorn

anders aus. Der Riss ist nicht so schnell zu kitten.

Genau wie Schumis Schnecken-Ferrari. Die Saison hat noch mehr Tiefpunkte. Beim Indy-Training knallt Bruder Ralf in die Mauer. Einschlag mit 310 Stundenkilometern. Tiefschlag für die Formel 1. Nach Ralfs Reifenplatzer kann Gummi-Lieferant Michelin nicht ausschließen, dass sich das wiederholen und auch bei anderen Teams passieren könnte.

Konsequenz: ein Geister-Rennen mit sechs Autos. Ferrari, Jordan und Minardi. Der Sieger: Schumi! Peinlich: Es bleibt sein einziger Erfolg in dieser Saison. In den letzten zehn Rennen sammelt der frühere Rekordjäger gerade mal 28 WM-Punkte.

Im August erfährt er auch noch, dass Kimi Räikkönen 2007 von McLaren-Mercedes zu Ferrari wechseln wird. Trotz liegt in seinem Kommentar: „Ich fahre auch mit Kimi in einem Team." Unüberhörbar fügt er hinzu: „Ich glaube nicht, dass ich noch viele Formel-1-Jahre vor mir habe ..."

Er ist sensibilisiert. Er, dem man gerne nur Feinfühligkeit fürs Rennauto nachsagt, spürt genau, dass Fer-

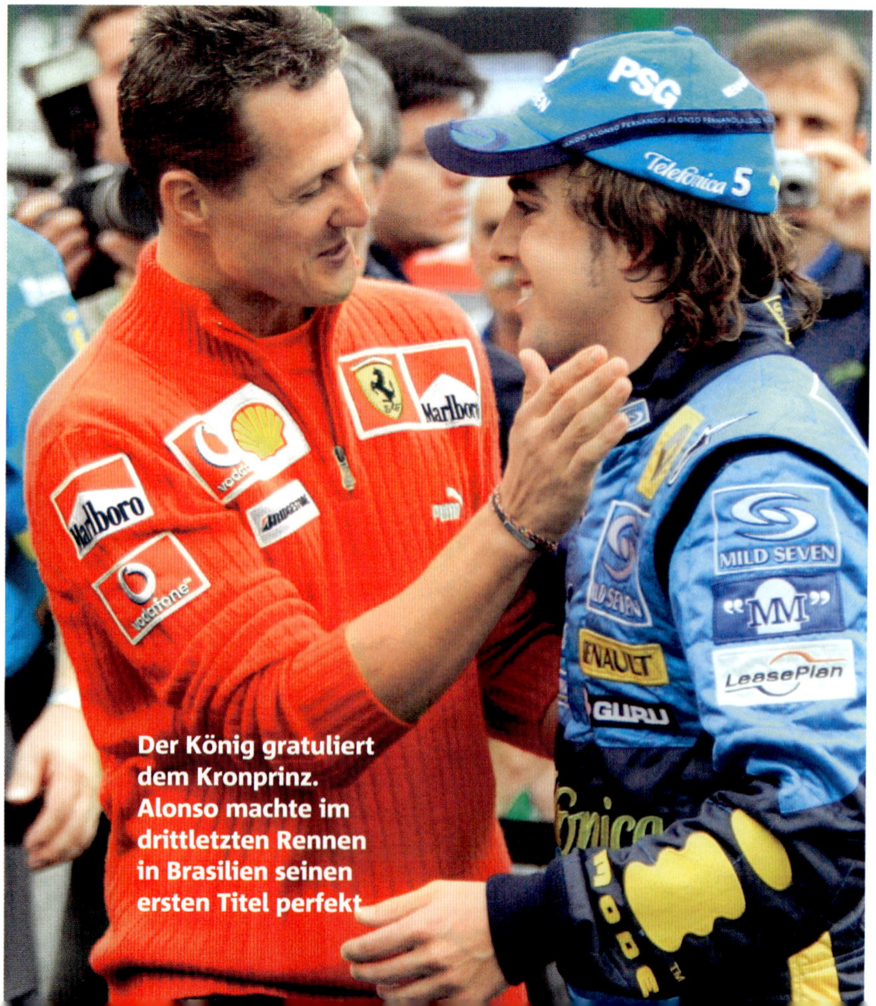
Der König gratuliert dem Kronprinz. Alonso machte im drittletzten Rennen in Brasilien seinen ersten Titel perfekt

In diesem Jahr nur Zaunkönig. Das letzte Rennen in China war wie die gesamte Saison: zum Davonlaufen

rari den Umbruch plant. Präsident Luca di Montezemolo wird nicht müde, bei jeder offiziellen Gelegenheit zu sagen: „Wenn Schumi will, kann er bei uns bis zu seinem Lebensende fahren.“ In Wahrheit setzt der Ferrari-Oberste auf die Zukunft. Die heißt Kimi Räikkönen. Beim folgenden Istanbul-Rennen treffen sich Michael Schumacher und Mercedes-Sportchef Norbert Haug zu einem Vier-Augen-Gespräch bei Promi-Wirt Karlheinz Zimmermann. Beide Parteien dementieren später, über einen möglichen Wechsel zu Mercedes diskutiert zu haben. Klar.

„Fernando, du bist ein würdiger Weltmeister. Willkommen im Klub!“

Platz zwölf in Monza, Ausfall in Belgien, Vierter in Brasilien. Es ist der 25. September in São Paulo, exakt 20.32 Uhr Deutschland-Zeit. Die Wachablösung. Der alte sieht den neuen Weltmeister vor sich. Alonso fährt elf Sekunden vor ihm über die Ziellinie. Dem Spanier reicht der dritte Platz im drittletzten Rennen zu seinem ersten WM-Titel. Der alte gratuliert dem neuen Champion: „Fernando, du bist ein würdiger Weltmeister. Willkommen im Klub!“

Sieben Siege, fünf zweite Plätze – Alonso gewann das Duell gegen Räikkönen, der unter Ausfällen litt. Schumis schlechtestes Ferrari-Jahr

		1 Australien	2 Malaysia	3 Bahrain	4 San Marino	5 Spanien	6 Monaco	7 Europa	8 Kanada	9 USA	10 Frankreich	11 Großbritannien	12 Deutschland	13 Ungarn	14 Türkei	15 Italien	16 Belgien	17 Brasilien	18 Japan	19 China	TOTAL
1.	F. ALONSO	6	10	10	10	8	5	10	-	-	10	8	10	-	8	8	8	6	6	10	**133**
2.	K. RÄIKKÖNEN	1	-	6	-	10	10	-	10	-	8	6	-	10	10	5	10	8	10	8	**112**
3.	M. SCHUMACHER	-	2	-	8	-	2	4	8	10	6	3	4	8	-	-	-	5	2	-	**62**
4.	J. MONTOYA	3	5	-	-	2	4	2	-	-	-	10	8	-	6	10	-	10	-	-	**60**
5.	G. FISICHELLA	10	-	-	-	4	-	3	-	-	3	5	5	-	5	6	-	4	8	5	**58**
6.	R. SCHUMACHER	-	4	5	-	5	3	-	3	-	2	1	3	6	-	3	2	1	1	6	**45**
7.	J. TRULLI	-	8	8	4	6	-	1	-	-	4	-	-	5	3	4	-	-	-	-	**43**
8.	R. BARRICHELLO	8	-	-	-	-	1	6	6	8	-	2	-	-	-	-	4	3	-	-	**38**
9.	J. BUTTON	-	-	-	-	-	-	-	-	-	5	4	6	4	4	1	6	2	4	1	**37**
10.	M. WEBBER	4	-	3	2	3	6	-	4	-	-	-	-	2	-	-	5	-	5	2	**36**
11.	N. HEIDFELD	-	6	-	3	-	8	8	-	-	-	-	-	3	-	-	-	-	-	-	**28**
12.	D. COULTHARD	5	3	1	-	1	-	5	2	-	-	-	2	-	2	-	-	-	3	-	**24**
13.	F. MASSA	-	-	2	-	-	-	-	5	-	-	-	1	-	-	-	-	-	-	3	**11**
14.	J. VILLENEUVE	-	-	-	5	-	-	-	-	-	1	-	-	-	-	-	3	-	-	-	**9**
	C. KLIEN	2	1	-	-	-	-	-	1	-	-	-	-	-	1	-	-	-	-	4	**9**
16.	T. MONTEIRO	-	-	-	-	-	-	-	-	6	-	-	-	-	-	-	1	-	-	-	**7**
17.	A. WURZ	-	-	-	6	-	-	-	-	-	-	-	-	-	-	-	-	-	-	-	**6**
18.	N. KARTHIKEYAN	-	-	-	-	-	-	-	-	5	-	-	-	-	-	-	-	-	-	-	**5**
19.	P. DE LA ROSA	-	-	4	-	-	-	-	-	-	-	-	-	-	-	-	-	-	-	-	**4**
	C. ALBERS	-	-	-	-	-	-	-	-	4	-	-	-	-	-	-	-	-	-	-	**4**
21.	P. FRIESACHER	-	-	-	-	-	-	-	-	3	-	-	-	-	-	-	-	-	-	-	**3**
22.	A. PIZZONIA	-	-	-	-	-	-	-	-	-	-	-	-	-	-	2	-	-	-	-	**2**
23.	T. SATO	-	-	-	-	-	-	-	-	-	-	-	-	1	-	-	-	-	-	-	**1**
	V. LIUZZI	-	-	-	1	-	-	-	-	-	-	-	-	-	-	-	-	-	-	-	**1**

2006

Die Legende

Michael Schumacher (37) kurz vor dem 250. und letzten Formel-1-Rennen seines Lebens. Mechaniker und Fotografen beobachten jeden seiner Schritte

Das Jahr, in dem Schumi seine Traum-Karriere beendet. Deutschland schwarz-rot-geil – Klinsi schenkt uns den 3. Platz bei der WM. Schweres Transrapid-Unglück

Das Drehbuch für die letzte Saison des Michael Schumacher hätte niemand erfinden können. 2006 ist wie ein Schnelldurchlauf seiner 15 Formel-1-Jahre.

Stotter-Start. Auferstehung. Monaco-Skandal. Vertrags-Poker. Motor-Drama. Rücktritt.

Der Held verabschiedet sich mit einem Helden-Rennen. Obwohl Fernando Alonso ein zweiter Platz (hinter Schumi-Kollege Massa) zur Titelverteidigung reicht, dreht sich alles um Schumi. Er verabschiedet sich als Vize-Weltmeister. Aber als größter Rennfahrer aller Zeiten.

Brasilien. Sein 250. und letztes Rennen. Er will, natürlich, noch einmal auf dem Treppchen stehen. Ganz oben. Er landet auf Platz 4. Aber Michael Schumacher hat bei seinem letzten, allerletzten Auftritt noch einmal den Teufel als Beifahrer. Erst den Defekt-Teufel. Dann den Fahrer-Teufel.

Schon bevor Schumi das erste Rennen in Bahrain gefahren ist, schockt er seine Fans und Ferrari. „Mein Auto muss konkurrenzfähig sein. Wenn ich nicht die Chance habe, Rennen zu gewinnen und um den Titel zu kämpfen, glaube ich nicht, dass ich große Lust verspüre, meine Karriere fortzusetzen."

Schumacher platziert seine Drohung ganz gezielt in einem großen deutschen Nachrichten-Magazin. Nach der Gurken-Saison 2005 will er seinen Arbeitgeber maximal unter Druck setzen. Weil er in den Winter-Tests ahnt, was folgt.

Nach drei Rennen hat der Rekord-Weltmeister schon 17 Punkte Rückstand auf Fernando Alonso im Renault. Schumachers Ex-Chef Flavio Briatore auf die Frage, ob er ihn noch einmal verpflichten würde: „Das wäre, als würde man mich fragen, ob ich mit einer 90-jährigen Oma ausgehen möchte."

Schumi verspottet. Ferrari in Not. Vorm Europa-Auftakt in Imola ziehen die Roten die Notbremse. Der lahmende Ferrari F 248 (trägt die Startnummer 5) wird komplett überholt. Neuer Motor, neue Aerodynamik, neue Rad-Aufhängungen und vor allem neue Bridgestone-Reifen. Die Gummis waren schon 2005 der Hauptgrund für die Misere. Ergebnis der Rundum-OP am Ferrari: Die Auferstehung mit einem Sieg in Imola. Er jubelt: „Jetzt beginnt für mich die WM!"

Der Euphorie folgt ein weiterer Dämpfer. Vorm Nürburgring-Rennen wirft Honda Ferrari wiederholt vor, seit dem zweiten Saison-Rennen biegsame und damit illegale Flügel zu verwenden. Honda-Technik-Chef Geoff Willis: „Ich habe genug Video-Material um zu beweisen, dass sich der Ferrari-Heckflügel verbiegt." Die FIA untersucht den Fall. Ferrari kann die Flügel (sorgen für höhere Topspeed-Werte) weiter verwenden, muss aber aus Sicherheitsgründen eine Strebe zur Stabilisierung einbauen.

Der Meister bleibt cool, düst zum nächsten Sieg in der Eifel und wird Nürburg-King. Mit einer exzellenten Boxenstopp-Strategie übertölpelt Ferrari Alonso. Rückstand nur noch 13 Punkte.

Italiens „Gazzetta dello Sport" feiert die „Rückkehr des Kannibalen Schumacher". Bleibt er? Geht er? Seine Zukunft ist plötzlich großes Thema. „Ferrari hat mir eingeräumt, dass ich mich erst nach dem letzten Rennen entscheiden muss. Ich habe angenommen." Sein Geheim-Plan zu diesem Zeitpunkt: Weltmeister werden und abtreten. Wenn nicht, vielleicht ein weiteres Jahr dranhängen.

Die nächsten zwei Siege (Barcelona und Monaco) gehören – wieder Alonso!

Der Moment, der den Traum zerstörte, als Weltmeister abzutreten. An Schumachers Ferrrari platzt beim letzten Rennen in Brasilien in der 8. Runde der linke Hinterreifen

Noch dramatischer: Der Ferrari-Star sorgt in dieser Saison-Phase für seinen wohl größten Skandal nach dem Rammstoß-Finale 1997 gegen Villeneuve in Jerez.

Tatort Monaco. Schumi führt im Qualifying. Er kriegt mit, dass Alonso hinter ihm auf seiner schnellsten Runde ist. Plötzlich lenkt er ganz komisch in die enge Rascasse-Kurve ein und bleibt stehen. Er parkt den Ferrari so ungünstig, dass der hinter ihm folgende Alonso abbremsen muss und dadurch vermutlich die Pole-Position verliert. Zumindest für sieben Stunden.

Dann, um exakt 22.56 Uhr am Samstagabend, verbannt die FIA Schumacher für sein Blockade-Manöver vom ersten auf den 22. und damit letzten Startplatz. Der spanische FIA-Kommissar Joaquin Verdegay verrät, dass Telemetrie-Daten zwei Beweise für ein absichtliches Halten in der Kurve geliefert hätten.

Auf der Pressekonferenz direkt nach dem Qualifying würdigen sich der Ferrari-Star und Alonso keines Blickes. Ein englischer Journalist fragt Schumacher: „Haben Sie betrogen?“ Seine Stimme ist plötzlich dünn. „Ich weiß ehrlich nicht, warum Sie so eine schlechte Frage stellen. Wenn sie hier in Monaco fahren würden, würden Sie so etwas wohl nicht fragen.“

Man wird als Beobachter das Gefühl nicht los, dass sich der Champion in seiner eigenen Haut gefangen fühlt. Dass er etwas verschweigt.

Für die meisten Fahrer-Kollegen und Ex-Weltmeister sind alle Fragen überflüssig. Ihr Urteil steht fest: Schumi („Ich habe ein reines Gewissen“) hat absichtlich gehalten. Seine Erklärung, ein Rad habe blockiert, er habe überbremst und dann sei ihm „die Straße ausgegangen“, glaubt ihm keiner. Die Kritik der Ex-Champions ist knallhart. Niki Lauda: „Das war Absicht.“ Keke Rosberg: „Michael hat unseren Sport mit Füßen getreten.“ Jacques Villeneuve: „Das war genauso ein mieses Ding wie 1997 gegen mich.“

Schumacher am Pranger. Immerhin: Unter den Teamchefs wird anerkennend gemunkelt, dass nur ein Schumacher auf der schweren Monaco-Piste das Niveau hat, während einer Qualifying-Runde darüber nachzudenken, wie er seine Konkurrenten ausschalten kann. Im Fall Monaco 2006 hat er sich das Leben allerdings selbst zum nervenaufreibenden Spießrutenlauf gemacht. Erschwerend kommt hinzu, dass Ferrari seinem Star plötzlich ein Ultimatum setzt: „Wir werden schon am 10. September in Monza unsere Fahrer-Paarung für 2007 bekannt geben.“ Schumi doppelt unter Druck. Alonso doppelt aggressiv.

Der Spanier gewinnt auch in Silverstone und Montreal, baut seinen

Monaco: der Tiefpunkt. Schumi parkt den Ferrari in der Kurve. Alonso verliert Zeit. Die FIA nimmt Schumacher nach einer 7-Stunden-Sitzung um 22.56 Uhr die Pole weg. Er fährt im Rennen von Platz 22 auf 5, Alonso siegt

Vorsprung auf das Jahres-Hoch von 25 Punkten aus. Umso unglaublicher, dass Schumacher nach allen Tiefschlägen weiter ans WM-Comeback glaubt.

Und die Wende schafft! Platz 1 in Indianapolis. Platz 1 in Magny Cours. Alonso nervös. Beim Deutschland-Grand-Prix verbietet die FIA einen Schwingungsdämpfer (pro Runde zwischen 0,3 und 0,5 Sekunden Zeitvorteil) im Renault. Das Team wittert Verschwörung. Im Qualifying zeigt Alonso die Wut-Faust. Es nützt nichts. Schumi gewinnt in Hockenheim. Alonso nur Fünfter.

Den Gipfelsturm im Visier geht's nach Budapest. Es wird das Schussel-Rennen der beiden WM-Favoriten. Genau wie Alonso (bremst im Training den Holländer Doornbos aus und überholt unter Gelb) überholt Schumi unter Roter Flagge. Rückversetzung für beide.

Im Regen-Rennen startet Schumi von Platz 11, Alonso von Rang 15. Am Ende scheidet der Spanier aus. Auch sein WM-Rivale fliegt nach einer überflüssigen Rempler-Aktion gegen Nick Heidfeld (BMW) drei Runden vor Schluss mit gebrochener Vorderrad-Aufhängung aus. Er wird als Neunter gewertet. Und hat Glück.

Weil BMW-Fahrer Robert Kubica als Achter untergewichtig ins Ziel kommt (Feuerlöscher lief aus), rückt Schumacher auf, gewinnt einen Punkt. Das irre Ungarn-Rennen und der geschenkte Feuerlöscher-Punkt – ob er am Ende wichtig sein wird? In Istanbul leistet sich der Alonso-Jäger

10. September 2006, 15.37 Uhr in Monza: Schumi verkündet nach seinem Sieg vor der Welt-Presse seinen Rücktritt zum Jahresende. Rechts: Jean Todt tröstet Corinna. Nicht nur für Frau Schumi ein emotionaler Nachmittag

Schumacher, der Sieger: mit einem Fingerzeig ans Team bedankt er sich für den 1. Platz auf dem Nürburgring, mit einem Jubelsprung feiert er den Sieg in Imola

dann zwei Fahrfehler, wird nur Dritter und ungewohnt heftig von Technik-Guru Ross Brawn („Das waren überflüssige Fehler von Michael") kritisiert. Mehr noch: Ferrari-Präsident Luca di Montezemolo will in Monza Schumachers Zukunfts-Entscheidung bekannt geben.

Vertragsverlängerung oder Karriere-Ende? Der Wunsch des Ferrari-Grafen für die Saison 2007: Neuzugang Kimi Räikkönen und Schumi sollen ein Traum-Duo bilden. Der Kerpener fühlt sich unter Druck gesetzt. Manager Weber: „Michael hätte sich gerne bis zum Saison-Ende Zeit mit dieser Entscheidung gelassen. Ferrari aber wollte es anders."

Am 6. September berichtet BILD weltexklusiv auf Seite 1: „Schumi macht Schluss". Vier Tage später, nach seinem grandiosen Monza-Sieg (10. September), verkündet Michael Schumacher um exakt 15.37 Uhr: „Ich mache es kurz – das war heute mein letztes Monza-Rennen. Ich habe mich entschlossen, vom Rennsport zurückzutreten. Ich habe jeden Moment geliebt. Aber ich habe nicht mehr die Energie und Kraft, um auch in Zukunft vorne mitzufahren."

In seiner vorgezogenen Abschieds-Rede dankt Schumi besonders seiner verstorbenen Mutter Elisabeth. Seine Frau Corinna und Ferrari-Boss Todt liegen sich schluchzend in den Armen.

Rücktritt und WM-Comeback an einem Wochenende! Nach dem Monza-Triumph beträgt der Rückstand auf Alonso nur noch zwei Punkte. Noch drei Rennen. Der Traum vom finalen Titel-Gewinn ...

Vor Schanghai der nächste Zoff. Renault-Zampano Briatore („Sie schenken Schumi den Titel") und Alonso („Die Formel 1 ist kein Sport mehr") werfen der FIA Manipulation im WM-Kampf vor. Ausgelöst worden war ihr Ärger durch eine Rückversetzung von Alonso um fünf Startplätze nach dem Monza-Qualifying wegen angeblicher Massa-Behinderung.

In China zündet Schumi den nächsten Siegesböller. Nach einem vermasselten Regen-Qualifying (nur Sechster) fährt er Pole-Mann Alonso im Rennen schwindelig. Sein 91. Sieg im 248. Rennen. Nach 575 Tagen übernimmt Schumi kurz vor seinem

Karriere-Ende erstmals wieder die WM-Spitze vor Alonso (beide 116 Punkte, Schumi 7:6 Siege). Grund zum Feiern. Als er morgens um 6 Uhr als Letzter die Disco der „Amber Lounge" verlässt, ist es schon wieder hell.

Dunkle Wolken ziehen plötzlich bei Renault auf. Alonso greift vor Suzuka sein eigenes Team an. „Meine Mannschaft hilft mir nicht mehr. Sie ist nur noch auf den Konstrukteurs-Titel konzentriert." Auch seinen eigenen Kollegen Fisichella attackiert der Spanier: „In einigen Momenten der Saison habe ich mich allein gelassen gefühlt! Das ist wie bei der Tour de France auf einer Bergetappe, wenn du einen Platten hast und dein Team weiter den Berg hinauffährt, ohne anzuhalten."

Alonsos Frust, gleichzeitig als Motivation gemeint, wird als solche von seinen Mechanikern nicht erkannt.

Vorletztes Rennen. Michael Schumacher überholt gleich am Anfang Pole-Mann Massa und dominiert.

Jaaaaaaa! Schumi siegt in Schanghai, zieht mit Alonso im drittletzten Rennen nach Punkten gleich. So gelöst hat man den Rekord-Champion lange nicht mehr gesehen. Er springt über die Absperrung zu seinem Team, hüpft danach Renn-Ingenieur Chris Dyer in die Arme

Zum Zweiten Alonso ist viel Platz. Die Schocksekunde. 37. Runde. Eine weiße Rauchwolke zischt aus dem Ferrari.

Motor-Schaden in der Degner-Kurve. Der erste für Schumi seit dem 2. Juli 2000 in Magny Cours. Unglaublich: 111 Rennen blieb er vom PS-Defekt verschont, ausgerechnet jetzt dieser Schicksals-Hammer! Alonso nimmt das Geschenk dankend an, rast ungefährdet zu seinem achten Saison-Erfolg und führt vor dem Finale in São Paulo mit 126:116 Punkten.

An dieser Stelle kommt noch einmal der ausgelaufene Feuerlöscher von Kubica aus Ungarn ins Spiel. Er kostet, so verrückt es klingt, Alonso die vorzeitige Weltmeisterschaft. Denn der aufgerückte Schumacher hätte einen Zähler weniger gehabt ...

Die Ursache für den Motor-Defekt in Japan findet Ferrari drei Tage nach dem Rennen. Ein Riss in einem Titan-Ventil. Michael Schumacher kittet sein angekratztes Image nach seinem

So nah liegen Freud und Leid beieinander: Beim nächsten Rennen in Suzuka reißt in Schumachers Ferrari ein Ventil. Er bleibt 17 Runden vor Schluss liegen, steigt frustriert aus dem Auto. Im Transporter wird er zur Box gefahren. Alonso feiert seinen neuen 10-Punkte-Vorsprung

Schumi (l.) war bis zur achten Runde an den beiden Renaults dran. Nach dem Überholduell mit Fisichella (r.) nimmt das Drama seinen Lauf: Ihm platzt der linke Hinterreifen, er fällt auf Platz 18 zurück

monegassischen Parkmanöver. In den Minuten seiner größten Enttäuschung zeigt der Enttäuschte Größe. Er geht in der Box zu jedem einzelnen der Mechaniker und Tank-Leute, bedankt sich mit einem Klaps. Dann spült er in der Ferrari-Küche seinen Frust mit drei mexikanischen Corona-Bier hinunter. Teamchef Todt staunt: „Eigentlich hätten wir ihn trösten müssen, aber er hat uns getröstet. Michael ist ein unglaublicher Mensch." Öffentlich erklärt der Rekord-Champion die WM nach der Japan-Pleite für gelaufen: „Beim letzten Rennen reicht Alonso ein Punkt. Ich glaube nicht mehr an den Titel!" Wie war das mit dem Teufel, der gern zweimal zwickt? Als er abends mit seinem Privatjet nach Hause fliegen will, hat auch sein Flieger einen Triebwerksschaden ...

Irgendwie scheint der Teufel bei seinem Abschied im Spiel. Ob er nicht will, dass Schumi aufhört? Es sieht ganz so aus.

Das letzte Rennen in Brasilien. Drei Tage vorher gibt er seine letzte öffentliche Pressekonferenz. Er ist frei. Er ist gelöst. Er redet über seine Minimalchance auf den achten Titel sehr entspannt, ja fast beiläufig. Er redet auch schon über die Zeit danach. Dass ihm ein Eishockeyspiel seines Sohnes Mick wichtiger sein wird, als ein Formel-1-Rennen live im TV zu schauen. Dass er künftig lieber mit Walen tauchen will, als einen Ferrari zu testen. Dass er einfach mal nichts sehen, hören und denken will. Dass er sechs Monate keine einzige Einladung annehmen wird. Allein sein mit sich und seiner Familie. Allein sein im neuen Leben ohne Formel 1.

Aber die spielt erst noch ein Mal wichtigste Rolle. Noch ein Mal.

Sein Sohn Mick hat ihm extra ein gesegnetes Kreuz (Silber auf Gold) mit zu seinem letzten Rennen gegeben. Es sollte ihm Glück bringen. Der Defekt-Teufel meint es anders. Als die Top Ten zur letzten Qualifying-Session rausgehen, rollt Schumi plötzlich ganz langsam, muss in die Box. Die Benzinpumpe hat sich festgefressen.

Zuletzt ist ihm das vor fünf Jahren in Hockenheim passiert! Die Mechaniker versuchen alles. Wahnsinns-Hektik in der Box. Es ist 14.58 Uhr. Der Rekord-Weltmeister steigt aus seinem Ferrari. Aus. Er muss als Zehnter starten. Alonso, dem nur noch ein Pünktchen zur sicheren Titelverteidgung fehlt, geht von Platz vier ins Rennen.

Nach dem Motorplatzer von Japan (das war ihm das letzte Mal vor sechs Jahren passiert) jetzt wieder so ein blöder Defekt. Ausgerechnet. Ein Drama. Das letzte, winzig kleine WM-Fünkchen erlischt.

27 Minuten nach dem Trainings-Schock läuft Teamchef Jean Todt an dem aufgebockten Ferrari ohne Räder in der Box vorbei. Er würdigt das Auto keines Blickes.

Der Renn-Sonntag. Der letzte Tag im Rennfahrer-Leben des Michael Schumacher.

Er steht gegen 8 Uhr in seiner Suite im feinen „Hyatt"-Hotel auf. Schnelles Müsli-Frühstück. Mit dem Helikopter vom Hotel an die Rennstrecke. Um 10.14 Uhr betritt er das Fahrerlager. Weiße Hose, hellbraunes Hemd, Segelschuhe. Er schiebt alle Mikrophone beiseite, geht schnurstracks in die Ferrari-Box.

Mehrere Briefings. 11.15 Uhr Vier-Augen-Gespräch mit Todt. 11.45 Uhr mit Sponsoren von Philipp Morris

Aus und vorbei: Schumi dreht in Brasilien seine letzte Ehrenrunde. Nach Platz 4 winkt er zum letzten Mal aus seinem Ferrari den Fans zu. Er hat ein letztes Mal alles gegeben – vergeblich

und Shell. 12 Uhr Nudeln zum Mittag. 12.30 Uhr Foto mit allen Fahrern. 12.33 Uhr Handschlag-Foto mit Alonso. Fahrerparade. Obligatorisches Nickerchen. 13.30 Uhr Formationsrunde zur Startaufstellung. 13.37 Uhr obligatorischer Toilettengang. 13.48 Uhr. Mika Häkkinen wartet vor Schumis Ferrari. Sie klatschen sich ab. Häkkinen: „Willkommen im Club." Er meint: im Rentnerclub. Schumi lacht herzlich. „Gib dem Willi deine Nummern und Adresse. Wir bleiben in Kontakt, okay?!"

14.03 Uhr. Start. Sein letzter Start. Als ob sich der Kreis schließt: In seinem ersten Formel-1-Rennen kam Schumi 600 Meter weit. Diesmal, bei seinem letzten, sind's acht Runden. Immerhin. Und dann erlischt das allerletzte, aber auch aller-allerletzte Fünkchen Hoffnung. Er zischt an Fisichella von Platz 6 auf 5. Plötzlich Plattfuß. Der Ferrari schleicht an die Box. Reifenwechsel. Draußen sausen alle an ihm vorbei.

Es folgt eine beispiellose Vorstellung, der Beweis, dass an diesem Tag der beste Rennfahrer der Welt aufhört. Schumi pflügt sich durchs Feld.

Schumi gratuliert dem Kollegen Massa zum Brasilien-Sieg

Komm her, Michael, ich drück dich! Ferrari-Teamchef Jean Todt herzt seinen Schumi. Das kongeniale Duo holte fünf WM-Titel mit Ferrari

DAS SCHRIEB Bild

22.4. Nach dem Sieg in Imola

6.9. BILD meldet exklusiv den Schumi Rücktritt

9.10. Nach dem Aus in Suzuka

23.10. Nach seinem letzten Rennen in Interlagos

Vom letzten auf den vierten Platz! Michael Schumacher: „Vom Speed her hätte ich heute alle überrunden können. Aber es hatte eben nicht sein sollen. Ich hätte mein letztes Rennen gerne auf dem Podium beendet. Ich möchte mich bei allen bedanken, die mich 16 Jahre lang unterstützt haben. Das hat mir immer Selbstvertrauen gegeben. Vielen Dank, liebe Fans."

Dann hakt er seine Karriere ganz schnell ab. Schon eine Stunde nach der Vergangenheit redet er über die Zukunft. „Ich möchte die Freiheit genießen und dann allein erkennen, wohin die Reise geht. Es wird ein paar Monate, vielleicht ein halbes Jahr dauern." Er redet plötzlich über seinen Waschbrettbauch. „Den möchte ich möglichst auch in Zukunft behalten. So ein Bäuchlein wie vom Niki Lauda steht mir nicht. Mein Körper soll fit bleiben."

Das letzte Wort soll seiner Nummer eins gehören. Corinna enthüllt, dass sie ganz entscheidenden Einfluß auf sein Karriere-Ende genommen hat. „Ich habe ihm immer geraten, auf dem Höhepunkt aufzuhören. Als Mansell damals zurückkam, habe ich zu Michael gesagt: So machst du das mal nicht. Wir haben lange überlegt, ob Michael dieses oder nächstes Jahr aufhören soll. In Indianapolis ist dann endgültig seine Entscheidung gefallen. Ich bin froh, dass nichts passiert ist."

Vor dem letzten Rennen hat Corinna zu Michael gesagt: „Geh raus und hab noch mal Spaß."

Nach dem letzten Rennen hat sie ihm das schönste Kompliment gemacht, das eine Frau einem Mann machen kann. „Als Rennfahrer war er ja klasse. Aber als Mann ist er noch besser."

Papa Rolf und sein Michael feierten gemeinsam den Abschied aus der Formel 1 bis tief in die Nacht. Unten: Die gesamte Ferrari-Familie sagte „Grazie Michael", zu Deutsch „Danke Michael"

Der erste Schritt in ein neues Leben. Schumi setzt um 15.40 Uhr Ortszeit seinen linken Fuß aus seinem Ferrari auf den Boden von Interlagos. Der Rekord-Weltmeister hat seine letzte Dienstfahrt hinter sich, der Rennfahrer Michael Schumacher ist damit Vergangenheit

Fernando Alonso verteidigt seinen Titel mit sieben Siegen. Michael Schumacher holt in seiner letzten Saison ebenso viele – aber für den achten Titel reicht es nicht

		1 Bahrain	2 Malaysia	3 Australien	4 San Marino	5 Europa	6 Spanien	7 Monaco	8 Großbritannien	9 Kanada	10 USA	11 Frankreich	12 Deutschland	13 Ungarn	14 Türkei	15 Italien	16 China	17 Japan	18 Brasilien	TOTAL
1.	F. ALONSO	10	8	10	8	8	10	10	10	10	4	8	4	-	8	-	8	10	8	**134**
2.	M. SCHUMACHER	8	3	-	10	10	8	4	8	8	10	10	10	1	6	10	10	-	5	**121**
3.	F. MASSA	-	4	-	5	6	5	-	4	4	8	6	8	2	10	-	-	8	10	**80**
4.	G. FISICHELLA	-	10	4	1	3	6	3	5	5	6	3	3	-	3	5	6	6	3	**72**
5.	K. RÄIKKÖNEN	6	-	8	4	5	4	-	6	6	-	4	6	-	-	8	-	4	4	**65**
6.	J. BUTTON	5	6	-	2	-	3	-	-	-	-	-	5	10	5	4	5	5	6	**56**
7.	R. BARRICHELLO	-	-	2	-	4	2	5	-	-	3	-	-	5	1	3	3	-	2	**30**
8.	J. MONTOYA	4	5	-	6	-	-	8	3	-	-	-	-	-	-	-	-	-	-	**26**
9.	N. HEIDFELD	-	-	5	-	-	1	2	2	2	-	1	-	6	-	1	2	1	-	**23**
10.	R. SCHUMACHER	-	1	6	-	-	-	1	-	-	-	5	-	3	2	-	-	2	-	**20**
11.	P. DE LA ROSA	-	-	-	-	-	-	-	-	-	-	2	-	8	4	-	4	-	1	**19**
12.	J. TRULLI	-	-	-	-	-	-	-	-	3	5	-	2	-	-	2	-	3	-	**15**
13.	D. COULTHARD	-	-	1	-	-	-	6	-	1	2	-	-	4	-	-	-	-	-	**14**
14.	J. VILLENEUVE	-	2	3	-	1	-	-	1	-	-	-	-	-	-	-	-	-	-	**7**
	M. WEBBER	3	-	-	3	-	-	-	-	-	-	-	-	-	-	-	1	-	-	**7**
16.	R. KUBICA	-	-	-	-	-	-	-	-	-	-	-	-	-	-	6	-	-	-	**6**
17.	N. ROSBERG	2	-	-	-	2	-	-	-	-	-	-	-	-	-	-	-	-	-	**4**
18.	C. KLIEN	1	-	-	-	-	-	-	-	-	-	-	1	-	-	-	-	-	-	**2**
19.	V. LIUZZI	-	-	-	-	-	-	-	-	-	1	-	-	-	-	-	-	-	-	**1**

MS und seine PS

Rennfahren und Autos – das Leben des Michael Schumacher. Ein Leben im Rausch der Geschwindigkeit. Ein Leben am Limit. Ob als kleiner Knirps im Go-Kart oder in der Formel 1. Steigen Sie ein – hier nimmt uns Schumi mit auf seine ganz persönliche Reise durch seine Vollgas-Welt.

KART 15 PS, 85 KM/H

Es war 1984/85. In diesem 15-PS-Kart begann die wirkliche Sportkarriere von Michael. Er wurde zum ersten Mal deutscher Juniorenmeister. Ein Jahr später wurde er Vizeweltmeister. „Es war die Zeit, als ich mit Herrn Dilk und Herrn Bachmann durch Deutschland getourt und ständig woanders gefahren bin. Es war eine schöne Zeit, im Wohnmobil von einer Strecke zur anderen zu reisen. Es ist lange her ..."

FORMEL FORD 140 PS, 230 KM/H

Es war 1988. Lausbubenzüge schleichen sich in Schumis Gesicht, wenn er an diese Zeiten denkt. „Wir haben damals Geschichten erlebt, die ich besser für mich behalte. Es war wohl meine lustigste Zeit. Vor allem mit Jörg Müller hatte ich viel Spaß. Wir haben damals viel gelacht und hatten gute Partys ..."

FIAT 500 F 18 PS, 85 KM/H

Es war 1977. Tja, heute könnte man sagen: Die große Karriere war doch vorgezeichnet. Mitte der 70er-Jahre fuhren die Schumachers einen roten Fiat 500. Der Rekord-Weltmeister verrät: „Ich war 8 und durfte auf dem Schoß meines Vaters lenken. Damit ich an die Pedale kam, hat er mich vor sich gesetzt. Ich hab' dann vor der Mauer bei uns auf dem Kartgelände geparkt. Hat alles wunderbar geklappt, dann aber habe ich vergessen den Gang rauszunehmen und die Kupplung losgelassen. Das Auto hat einen Hüpfer gemacht und der Abstand zur Mauer war nicht mehr so groß ..."

FORMEL 3 200 PS, 250 KM/H

Es war 1989/90. Die Autos wurden größer und schneller. Sein Manager Willi Weber entdeckte Jung-Schumi und setzte ihn in sein WTS-Team. „Jetzt wurde es so langsam professionell, denn ich verdiente zum ersten Mal ein bisschen Geld mit dem Rennfahren. Der Klaus Träller, der Jens und andere Kollegen – wir waren ein Klasse-Team aus lauter Idealisten. Wir haben in Macao und Fuji gewonnen, worüber wir genauso gestaunt haben wie die anderen."

JORDAN 670 PS, 340 KM/H

Es war der 25. August 1991. Der Formel-1-Geburtstag von Schumi. Michael erinnert sich. „Ein gigantisches Gefühl. Schon nach den ersten Runden im Training habe ich mich richtig wohl gefühlt. So, als hätte ich nie was anderes gefahren. Ich vergesse nie meine ersten Male durch die Eau Rouge (größte Mutkurve der Formel 1). Das Auto wurde in dieser Senke so an die Straße gepresst, das klebte förmlich auf dem Asphalt – aber mit dem Unterboden und meinem Hintern und nicht den Reifen! Mit Vollgas durch die Eau Rouge war das absolut Höchste, was ich bis dahin kannte."

BENETTON 675 PS, 340 KM/H

Es war der 8. September 1991. Nur zwei Wochen nach seinem Jordan-Debüt saß Schumi zum ersten Mal im Benetton-Ford – und wurde gleich Fünfter! „Nur Mansell, Senna, Prost und Berger vor mir – ich konnte es nicht fassen. Es ging alles so wahnsinnig schnell. Meine ersten WM-Punkte im zweiten Rennen, ich war überglücklich. Vor allem, weil diese Benetton-Version schwieriger zu fahren war als der Jordan. Das Auto sprang bei Unebenheiten, und die Traktion war schrecklich, was vor allem an den Reifen lag."

DTM 380 PS, 290 KM/H

Es war 1990. Schumi wurde Deutscher Meister der Formel 3, fuhr aber gleichzeitig DTM für Mercedes. „Ein Kapitel, das ich nicht so erfolgreich abgeschlossen habe. Es war irgendwie nicht so mein Ding, in einem Auto mit Dach zu sitzen. Da kam ich nie so richtig klar. Offenbar muss ich die Räder an meinen Autos sehen, damit ich ein Gefühl dafür habe, wann was passiert ..."

GRUPPE C 900 PS, 360 KM/H

Es war 1990/91. „Ich habe gedacht, dass ich da das gleiche Problem wie in der DTM haben würde. Aber ich weiß nicht warum – es ging auf Anhieb alles viel besser. Die hohen Geschwindigkeiten haben mir Spaß gemacht. Ich glaube, hier habe ich die Grundlage für das spätere Formel-1-Gefühl legen können."

BENETTON 675 PS, 340 KM/H

Es war der 30. August 1992. Schumi gewinnt in Spa seinen 1. Grand Prix. „Natürlich werde ich diesen Tag nie vergessen. Das Auto war besser als das von ’91, aber sicher nicht das Beste im Feld. Ich musste noch manuell schalten, während der Williams schon Halbautomatik und aktive Radaufhängung hatte.“

BENETTON 690 PS, 350 KM/H

Es war der 14. November 1994. Schumi wird in Adelaide zum 1. Mal Weltmeister. „Schon nach meinen ersten Runden vor Saisonstart wusste ich, dass dieses Auto eine Rakete ist. Trotzdem machten mir die Motorenprobleme bei Testfahrten immer wieder Sorgen. Dazu kamen die technischen Veränderungen nach Sennas Tod, die das Auto unbeständig machten. Umso erstaunlicher war es für alle, dass es doch noch zum Titel reichte.“

BENETTON 700 PS, 350 KM/H

Es war der 22. Oktober 1995 in Aida. Schumi verteidigt mit einem Sieg drei Rennen vor Schluss seinen Titel. „Ich hatte einige Unfälle in diesem Jahr, deshalb war es umso toller, dass ich trotzdem wieder den Titel holen konnte. Der Benetton reagierte sehr empfindlich auf Setup-Veränderungen, speziell bei der Bodenfreiheit. Das war auch der Grund für die Unfälle damals.“

FERRARI 720 PS, 350 KM/H

Es war der 10. März 1996 in Melbourne. „Vom ersten Rennen an merkte ich, dass dieser F310 nicht mehr als ein durchschnittliches Auto war. Hinzu kamen Motorenprobleme, aerodynamische Schwächen und die Unzuverlässigkeit. Trotz dreier Siege hatte ich mir meinen Einstieg bei Ferrari nicht so problematisch vorgestellt.“

FERRARI 820 PS, 360 KM/H

Es war der 8. Oktober 2000 in Suzuka. „Ein unvergesslicher Moment, als ich im vorletzten Rennen als Sieger durchs Ziel fuhr. Endlich, endlich waren wir Weltmeister. Mein erster Titel mit Ferrari! Der F1-2000 war das beste Auto, das ich bis dahin gefahren habe. Brillante Aerodynamik und sauschnell – ich war begeistert."

FERRARI 910 PS, 390 KM/H

Es war der 29. August 2004 in Spa. Der Kreis hat sich an jenem Tag für Schumi geschlossen. Erstes Rennen in Spa, erster Sieg in Spa, sein 7. Titel in Spa. „Der F2004 war das fast perfekte Auto. Wir wussten, dass es besser als das von 2003 ist, wir wussten nur nicht, wieviel. Am Ende der Saison wussten wir es. Nur einmal in 14 Rennen geschlagen, das sagt doch alles."

FERRARI ENZO 660 PS, 350 KM/H

Der Ferrari Enzo zählt zu den teuersten Straßenautos der Welt (645 000 Euro). Und zu den schnellsten: 350 km/h, 660 PS. Schumi hat einen „Enzo" in seinem privaten Fuhrpark, insgesamt wurden nur 349 Stück gebaut. Unter seinem neuen Anwesen in Gland am Genfer See ist eine Tiefgarage für 29 Pkw. „Wenn ich mir ein neues Auto kaufe", sagte Schumi einmal, „freue ich mich jedes Mal für ein paar Wochen wie ein kleines Kind."

FERRARI, 750 PS, 349 KM/H

Es war der 16. 7. 2006 in Magny Cours. Nach seinem Sieg über Alonso sagt Schumi über den 248 F1: „Wenn wir das Setup hundertprozentig hinkriegen, ist der Ferrari das beste Auto im Feld. Manchmal ist er ein bisschen launisch, deshalb hat Felipe Massa manchmal ein bisschen Probleme. Aber wenn alles stimmt, ist er besser als der Renault."

Die Rivalen

Michael Schumacher blickt zurück auf eine Karriere, die er wohl erst mit einigem Abstand selbst begreifen wird. Er hat bei seinen 250 Rennen nur jedes achte Trainingsduell verloren. Also nur zwei pro Jahr. „Egal wer sein Teamkollege ist – er killt sie alle", hat sein Benetton-Kollege von '92, Martin Brundle, mal gesagt. Hier sprechen seine größten Rivalen – alle Weltmeister – über den Allergrößten

1996 Damon Hill

Mit dem Engländer (im Williams) fetzte sich Schumi (im Benetton) '94 und '95. Der Weltmeister von '96 fand oft kein gutes Haar an Schumacher. Er sagte aber auch: „Was Michael erreicht hat, ist unglaublich. Er hat bewiesen, was für ein außergewöhnlicher Fahrer er ist. Wir hatten unsere Differenzen auf und außerhalb der Strecke, aber es war toll, gegen ihn zu fahren – und noch schöner, gegen ihn zu gewinnen."

1997 Jacques Villeneuve

Mit dem Kanadier (im Williams) rummste Schumi (im Ferrari) '97 in Jerez zusammen. Weltmeister Villeneuve mixte mit dem „Rambo" in der gleichen Nacht höchstprozentige Cocktails, stellte aber über die Jahre nüchtern fest: „Respekt vor seinem Weg. Er hat Ferrari auf den höchsten Level gehoben. Aber er hat auch zu viel getrickst. Er hat uns in Monaco alle angelogen. Er ist nur Rennfahrer und kein großer Mensch."

1998/1999 Mika Häkkinen

Mit dem Finnen (McLaren-Mercedes) lieferte sich Schumi (im Ferrari) '98, '99 (bis zu Schumis Unfall) und 2000 packende WM-Duelle. Der Weltmeister von '98 und '99: „Michael war immer mein härtester Gegner und unsere Rennen waren die prickelndsten. Trotz aller Rivalität war unsere Beziehung immer freundlich und fair. Ich mag ihn. Wenn er jetzt auch Schluss macht, sollten wir zusammen mal fischen gehen."

2005/2006 Fernando Alonso

Mit dem Spanier (Renault) kam der jüngere, auf den Schumi lange gewartet hatte. In Alonso steckt ganz viel Schumacher: rennintelligent, hochkonzentriert, fast fehlerfrei, extrem ehrgeizig. Der Kronprinz über den König: „Ich habe gern auf der Strecke gegen ihn gekämpft. Er war unsere Leitfigur. Er hat die Formel 1 durch seine Präsenz aufgewertet. Keiner wird je seine Rekorde brechen."

HELMUT (Osterbrock): „Er erzählt den Ingenieuren doch schon Dinge, die noch gar nicht im Computer angekommen sind. Der hat im Hintern mehr Grips als andere im Kopf."

ULRICH (Osterbrock): „Die ersten fünf Jahre bei Ferrari war er ganz schön pampig, erst dann wurde er lockerer. Wahrscheinlich war er anfangs zu ungeduldig, weil nichts ging."

Schumi überall!
Ob als Schriftzug auf einer scharfen Hotpant, als Brust-Tattoo, Kopfschmuck oder Frisur. Seine Fans sind so kreativ und verrückt, wie er im Auto schnell war

Fantastisch

Sechs Millionen Fans weltweit können nicht irren! Für sie ist und bleibt Schumi der größte Formel-1-Fahrer aller Zeiten

Bis 2006 wurden in Europa 800 Michael-Schumacher-Fan-Klubs offiziell eingetragen. Davon allein in Deutschland über 100. Mitglieder insgesamt: rund sechs Millionen.

Die Ur-Zelle aller Schumi-Verrückten gründete Familien-Freund und Förderer Jürgen Dilk. 1991 rief der ehemalige Spielautomaten-Aufsteller aus Alsdorf (NRW) den „1. Offiziellen Michael-Schumacher-Fanklub" ins Leben. Zwölf Jahre später musste Dilk die Vereinsarbeit aus gesundheitlichen Gründen niederlegen.

Schumi: „Ich bin Jürgen sehr dankbar, dass er so erfolgreich und engagiert über viele Jahre meinen Fanklub geleitet hat."

FAN(tastisch)! Auf den nächsten sechs Seiten erleben Sie noch einmal den puren Schumi-Fan-Wahnsinn.

JENS (Peine): „Was mir an ihm gefällt: Er hilft durch die Unesco Kindern, spendet hier und da, hängt es aber nie an die große Glocke. Ein feiner Kerl."

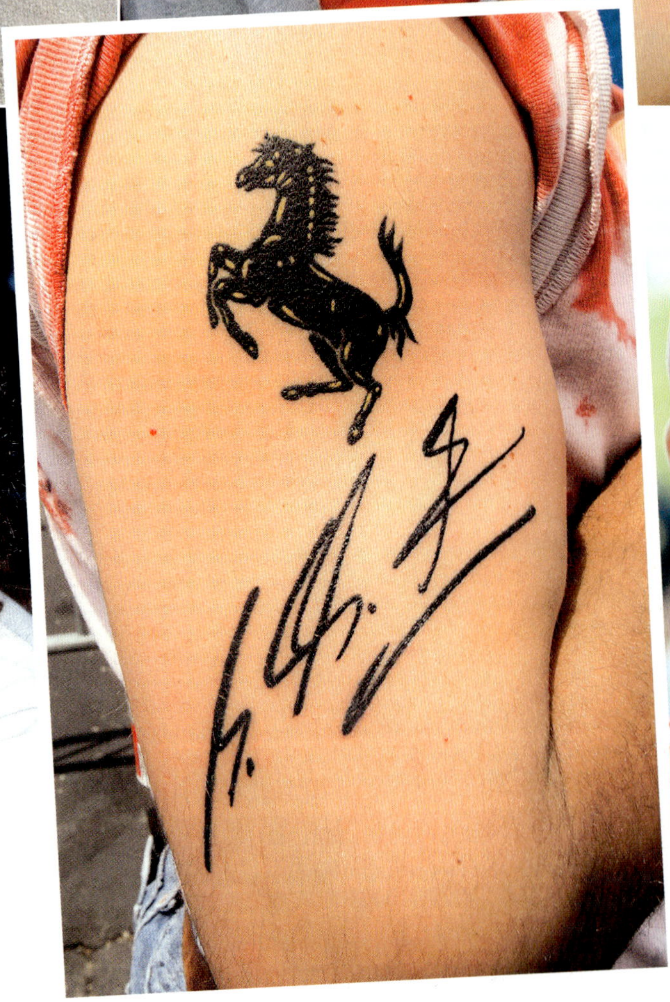

FRED (Nienburg): „Ich genieße einfach die schönen Jahre, die er uns schon so lange schenkt."

HERBERT (Osterbrock): „Und erst, was er für Ferrari geleistet hat. Aus einem Würfel, der ständig von der Strecke gekegelt ist, hat er ein Sieger-Auto gemacht und aus einem Stall eine richtige Truppe. So was gab es noch nie und wird es auch nie wieder geben."

Ob jung, ob alt, ob von vorn oder hinten, oder Autogramm-Tattoo auf dem Arm – einmal Schumi, immer Schumi

GERD (Westerholz): „Er hat in seiner Karriere genauso Fehler gemacht wie die anderen auch, aber er hat sie nie zugegeben. Zum Beispiel, als er Villeneuve ’97 in die Karre fuhr und das abstritt. Neuerdings gibt er Fehler zu.“

Er ist für seine Fans einfach der Höchste. Sie sind von Kopf bis Fuß auf Schumi eingestellt. Sie waren genauso durstig auf Siege wie Schumi

KATI (Uelzen): „Vom Aussehen redet hier wohl keiner. Da ist Ralf meine Nummer 1 vor Michael und Alonso.“

Und plötzlich küsste ihn ein Fan (siehe Story Seite 187)

René Faßbender aus Troisdorf zeigt für wen sein Herz schlägt. Er hat sich sein Idol auf die Brust tätowiert

WOLFGANG (Nienburg): „Schumi zeigt Ellbogen. Er fährt immer am Limit. Wie der ’94 mit nur 12 gefahrenen von 16 Rennen Weltmeister wurde, wie der sich trotz Disqualifikation wegen Bodenplatte oder Schwarzer Flagge nicht aus dem Rhythmus bringen ließ – das verdient Respekt.“

„Das war sehr nett dort und hat mir gut gefallen. Aber es hat mir auch gezeigt, wie arm ich eigentlich bin.“ 1998, nach dem Besuch beim Sultan von Brunei

„Mein Leben ist vorbestimmt. Es endet, wenn es enden soll, wo auch immer.“ 2000, über den Tod

„Meine Lieblingsfächer waren Mathe und Sport. Bei meinem Realschul-Abschluss hatte ich eine Durchschnittsnote von 3,1 – das fand ich ganz in Ordnung.“
März 2003, über seine Schulzeit

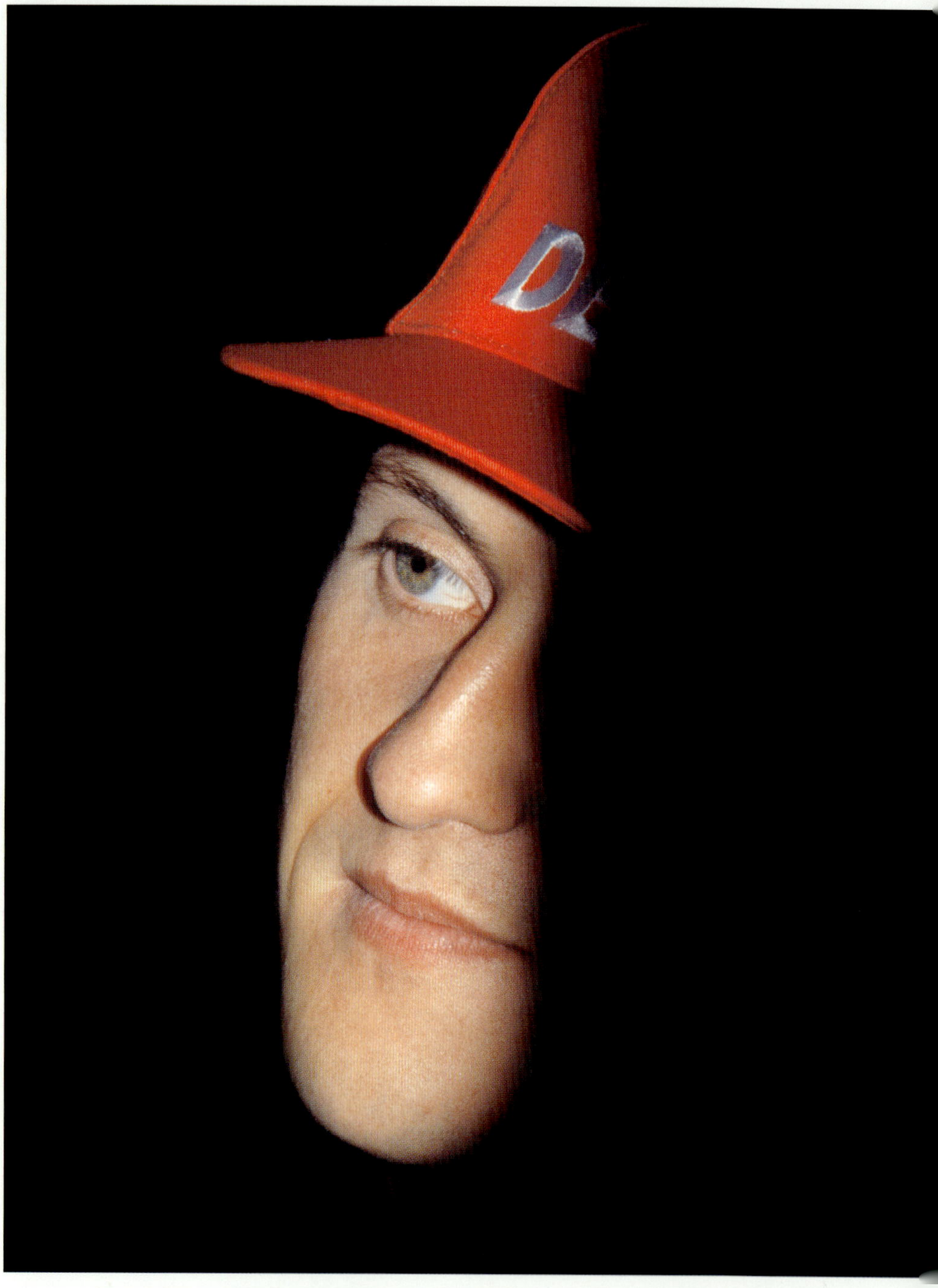

„Ich muss, ungelogen, vier Anwälte beschäftigen, damit ich wegen unseres Steuersystems nicht ständig mit einem Bein im Gefängnis stehe.“
Oktober 1998, über seinen Wohnsitz in der Schweiz

„Dann hat man nur eine Chance: laufenlassen!“
2002, über ein dringendes Bedürfnis während des Rennens

„Die Autos sind viel sicherer als früher. Aber die größte Angst habe ich vor dem Feuer.“
2001, über die Angst vor einem Unfall

„Ich habe, um ehrlich zu sein, noch nie gewählt. Wer etwas bewegen will, wird bei uns bürokratisch ausgebremst.“
April 2002, zum Thema Wahl-Boykott

„In der Kraftkammer habe ich mal mehr gehoben als Sylvester Stallone.“
2001, über eine Hotel-Begegnung mit Rocky-Darsteller Stallone

„Ich musste in der Schule beim Musik-Unterricht mal nach vorne, um ein Karnevals-Lied vorzusingen. Ich habe eine 6 dafür bekommen. Die Lehrerin wollte mir einfach nicht glauben, dass ich kein Kölsch kann.“
2005, zum Thema Köln und Karneval

„Nach diesem Wochenende kann ich mit all den Steinen, die ich hier im Kiesbett gesammelt habe, mein Haus zu Ende bauen.“
1998, nach dem Österreich-Rennen

„Bei meinem schweren Unfall 1999 in Silverstone. Ich habe plötzlich gespürt, wie mein Herz aufhört zu schlagen. Eine heftige Erfahrung. Ich dachte kurz, das war's. Ich glaube, das war Todesangst." 2003 über Angst

„Die sind für mich einfach nicht interessant genug. Bei vielen Frauen im Fahrerlager merkt man spätestens, wenn sie anfangen zu reden, dass es da nicht mehr viel weitergeht." 2003, über Boxenluder

„Wenn ich einmal nicht mehr da bin, und ein anderer Mensch könnte mit einem Organ von mir weiterleben, dann wäre das eine gute Sache."
März 2005, nach Beitritt in den „Verein Sportler für Organspende" (VSO)

„Es heißt ja, viele Männer hätten so ihre Probleme mit den Schwiegermüttern. Tut mir leid, aber bei mir ist genau das Gegenteil der Fall."
Oktober 2003, über „Omi", die bei ihnen wohnt

„Seit meiner Formel-1-Zeit 1991. Als Jugendlicher wurde ich ‚Maikel' gerufen – also Michael auf Englisch. Für meine Eltern war ich immer der Micha."
2003 auf die Frage, seit wann er Schumi genannt wird

„Mir ist egal, ob das eine Buxtehude- oder eine Telekom-Aktie ist. Solange sie Profit verspricht."
1997 auf die Frage, ob er eine Formel-1-Aktie kaufen würde

„Ich muss nicht Weltmeister werden. Das Einzige, was ich muss, ist irgendwann in die Kiste gehen – unter die Erde!"
August 2000, über den WM-Druck bei Ferrari

„Ich bete ständig. Ich gehe dazu aber nicht in die Kirche. Egal, wann und wo – ich begebe mich ins Zwiegespräch mit dem Herrn dort oben. So setze ich mich mit meinem Leben auseinander."
2005, über Gott

„WENN ÜBERHAUPT, IST UNSERE REGIERUNG NUR MIT EINEM HINTERBÄNKLER-TEAM ZU VERGLEICHEN. FORMEL 1 IST DAS POLITISCH AUF KEINEN FALL."
1999, zum Thema Wahl-Müdigkeit

„Ich bin überrascht, dass manche mich seit Monza für einen Menschen halten. Ich war davon ausgegangen, schon vorher einer gewesen zu sein."
September 2000, nach seinem Weinkrampf in Monza

„Sie darf keine Probleme machen, muss sehr anpassungsfähig und flexibel sein. Nicht streitsüchtig, am liebsten blond. Kleiner als ich, schlank, aber nicht zu dünn. Normal und natürlich. Und sie muss tanzen können!"
1991, über seine Traumfrau

„Geld und Ruhm habe ich genug. Aber ich habe Angst, den Kontakt zu meinen Schulfreunden zu verlieren. Viele Freundschaften sind schon jetzt in die Brüche gegangen." November 1994

„Wir haben damals einfach gespart. Unser Verlobungsring wurde ein paar Monate später einfach zum Ehering." 2003, zum Thema Hochzeit

„Wenn ich einkaufen gehe, dann greife ich nicht blind ins Regal. Die teuerste Milch muss nicht die beste sein." Oktober 2003

„DIE KÄLTE DER MENSCHEN IN DEUTSCHLAND ERSCHRECKT MICH. VIELE DENKEN NUR NOCH AN SICH SELBST." November 1994, über seinen Umzug nach Monaco

„Ich schaue mir jedes TV-Interview drei- bis viermal an, um Haltung, Sprechtempo, Inhalt und Gestik zu überprüfen."
1992, über seine Fernseh-Auftritte

Seine Traumfrau

Corinnas größtes Geheimnis. Sie hat die Liebe zu ihrem Mann mit dessen Liebe zum Rennfahren geteilt – immer

Wenn es zwischen Richard Gere und Julia Roberts niemals eine Hollywood-Leinwand-Liebe gegeben hätte, dann hätte sie in den letzten 15 Jahren zwischen Kerpen, Monaco und der Schweiz gedreht werden müssen.

In Originalbesetzung. Corinna und Michael Schumacher – das ist ungeschminkte Liebe. „Es kann sich keiner vorstellen, was diese Frau für mich bedeutet."

Michael Schumacher, seit 1991 in diese Frau verliebt, sagt diesen Satz heute mit noch mehr Wertschätzung und Gefühl als je zuvor. Man hat wirklich das Gefühl, dass sich die beiden – egal wie schnulzig das jetzt klingen mag – gesucht und gefunden haben. Ein weiteres Indiz, wie sehr Michael diese Frau liebt und schätzt: Wenn er sie bei irgendwelchen Anlässen vorstellt, dann oft so: „Das ist meine Traumfrau."

Corinna Betsch. So hieß sie vor dem August '95, als ihr Michael sie innerhalb von fünf Tagen standesamtlich und kirchlich heiratete.

Schüchtern

Na, na, na – da werden in der Gaststätte der Kerpener Kartbahn 1991 gerade erste zarte Bande zwischen Michael (mit Yorkshire-Terrier) und Corinna geknüpft

Schön

Brillant, das Strahlen dieser Augen. Man sieht in diesem Gesicht: Das Glück kommt von innen

Corinna Betsch. Sie war, ist und bleibt das natürliche Mädchen vom Land. Schick, aber nicht nobel. Sportlich, aber nicht hart. Selbstbewusst, aber nicht arrogant. Lieb, aber nicht hörig. Verschmust, aber nicht puppig.

In Amern, einem kleinen Dorf an der deutsch-holländischen Grenze, ist sie als Kind gern auf dem Traktor des Nachbarn mitgefahren, hat ihre Stute Tanja (witzigerweise heißt die heutige Frau ihres ersten und damaligen Freundes Heinz-Harald Frentzen auch so) geritten und ist gern Wasserski gefahren.

Sie war 13, als sich ihre Eltern trennten. Corinna blieb erst mal noch beim Vater Rainer. Mutter Gabriele hatte die neue Liebe ins Sauerland (Halver) verschlagen. Vielleicht war es der Papa, der den Weg seiner Tochter vorgab: Er schenkte seinem einzigen Kind einen Motorroller in – Rot. Wer hätte damals ahnen können, dass sie einmal die First Lady der Formel 1 wird und ihr Mann ein Team in den Weltruhm zurückführt mit der Farbe – Rot? Sie am allerwenigsten.

Der Roller, der Ferrari, die Liebe des Lebens. Die Welt von Corinna leuchtet rot.

Dabei ist sie selbst keine Signal-Frau. Sie ist eine jener herz-intelligenten Frauen, die sich auch im Schatten ihres Mannes wohl, warm und geborgen fühlen.

Verliebt

Corinna und Michael – sie zeigen ihre Liebe wie am ersten Tag. Was gibt es für den Rennfahrer Schöneres als einen Sieger-Kuss von seiner Frau

Sie trägt lieber Cowboylook statt Prada, sitzt lieber in einem Pferdesattel statt First Class, atmet lieber texanischen Präriestaub statt Chanel. Corinna ist trotz der vielen Aber- und Abermillionen sehr lebens- und naturnah geblieben. Das ist es, was Michael Schumacher an ihr so liebt. „Es kann sich keiner vorstellen, was diese ..."

Und das ist es auch, was ihm – nach seiner eigenen Aussage: entscheidend – geholfen hat, so erfolgreich zu sein. Er ist immer von zu Hause weggefahren mit dem Bewusstsein, eine glückliche und zufriedene Frau bei seinen beiden Kindern zu haben. Apropos Kinder. Er wollte früher mal „eine ganze Fußballmannschaft." Nach der Geburt von Gina-Maria (1997) und Nick (1999) war der weitere Wunsch nach Kindern vorbei. „Ich war beide Male dabei. Das war wirklich sehr anstrengend und schmerzhaft. Ich möchte das nicht zu oft mitmachen, weil es mir für Corinna einfach zu weh tut."

Corinna hat es auf eine wunderbare Art und Weise verstanden, ihn mit einem freien Kopf zu den Rennstrecken dieser Welt fliegen zu lassen. Kein Gequengele: „Musst du denn schon wieder weg?!", oder: „Es wäre schön, wenn den Test mal ein anderer macht", und schon gar kein „Wir haben doch genug Geld, hör doch auf, bevor was passiert."

Nein, Corinna hat ihre Liebe zu ihm mit dessen Liebe zum Rennfahren geteilt. Von Anfang bis zum Schluss. Sie war die stärkste Beifahrerin, die sich ein Formel-1-Pilot wünschen kann. Weil sie unsichtbar war.

Corinna hatte von Anfang an begriffen, dass Loslassen eine ganz wichtige Eigenschaft ist. Sie hat Michael immer das Gefühl gegeben, dass sie für ihn da ist und nicht, dass sie auf ihn wartet. Zu solchen Frauen kommen Männer gern nach Hause.

Michael wusste: Wenn ich aus dem Haus gehe, kann ich mich voll auf die Kurven der nächsten Rennstrecke konzentrieren. Zu Hause läuft alles. Da liegt kein maulig-gefrustetes Millionärs-Weibchen auf dem Designer-Sofa, sondern da steht eine Frau ihren Mann. Auch deshalb haben ihn andere Kurven nur mal aus dem Augenwinkel interessiert.

Besorgt

Der Blick schweift in eine nachdenkliche Welt. Corinna wusste um die Gefahren, denen sich ihr Mann in der Formel 1 ausgesetzt hatte

Lustig

Nein, sie sind keine Kinder von Traurigkeit. Michael und Corinna mit Zwergen-Hüten bei einer Ferrari-Party in Madonna di Campiglio

Wenn überhaupt. Michael Schumacher wird nicht müde, immer und immer wieder zu erzählen: „Ich bin so stolz auf sie. Sie schmeißt das Geld nicht raus, mag das ganze VIP-Getue genauso wenig wie ich, und steht genauso wenig auf Highlife wie ich."

Eine Frage kann die Frau an der Seite des schnellsten Mannes der Welt wohl selbst nach 15 Jahren gemeinsamen Herzklopfens auch nicht nach dessen Karriere-Ende beantworten: Wie hat sie mit der Angst gelebt? Wie hat sie das ausgehalten? Wie hat sie es trotz vieler schwerer Unfälle immer wieder geschafft, die Gefahr aus Herz und Kopf zu verbannen?

Elegant

Das Traumpaar in eleganter Abendgarderobe beim Formel-1-Bankett in Monte Carlo

In einer BILD-Serie, es war nach dem sechsten Titel, haben sie beide verraten: Wenn Papa sonntags Rennen fährt, schnappt sich Corinna die Kinder, und sie fahren ins Grüne. Dann suchen sie in ihrer Gegend in der Schweiz eine Kapelle oder eine Kirche und zünden dort Kerzen für den Papa an.

Der Glaube an Gott liegt über der Familie und hat die Angst in den allerletzten Winkel gedrängt. Nach dem Silverstone-Unfall, bei dem sich der Ferrari mit ihrem Mann am Steuer geradeaus in eine Mauer bohrte, sagte sie: „Ich werde diesen Unfall nie vergessen. Aber ich will nicht mehr daran denken. Sonst wird man ja verrückt."

Und im Buch „Schumacher" (Steidl-Verlag) beschreibt Corinna das Thema Angst so: „Ich kenne Michael nur als Rennfahrer. Ich habe absolutes Vertrauen zu ihm, zu seiner Stärke, zu seinen Einschätzungen und zu seinem Naturell. Er geht kein unnötiges Risiko ein, dazu ist er zu vernunftgesteuert." Sie verriet aber auch, dass es Tage gab, an denen sich ein ungutes Gefühl eingeschlichen hatte. Sie dachte da aber in erster Linie an Situationen, in die Michael hätte geraten und sie nicht hätte beeinflussen können.

Jetzt ist es vorbei. Sie werden sich an einem beliebigen Sonntag früh gemeinsam ins Auto setzen, sich gemeinsam, mit Papa, eine Kapelle oder Kirche aussuchen und dort Kerzen anzünden. Sie werden dem lieben Gott danken, dass er seine schützende Hand über ihn und seine Familie gehalten hat. Und sie werden dafür beten, dass er es weiter tut.

Michael hat jetzt viel mehr Zeit, seiner Corinna Komplimente zu machen. „Ohne meine Frau hätte ich den langen Weg zum Titel bei Ferrari nicht durchgehalten. Vieles fällt leichter, wenn man Wege gemeinsam geht. Wenn einer immer für dich da ist. Vor allem, wenn's dir mal nicht so gut geht."

Wie zum Beispiel nach seinem Silverstone-Unfall. Corinna damals vielsagend: „Wir haben da die Rennen gemeinsam am Fernseher vom Sofa aus verfolgt. Für mich war das schön – für ihn aber schlimm."

Und noch ein Satz drückt stille Angst und Verzicht einer Frau über all die Jahre aus. Als ihr Michael nach dem Silverstone-Unfall ein grandioses Comeback-Rennen in Malaysia feierte, sagte sie: „Ich weiß jetzt, dass ich ihn wieder an die Formel 1 verloren habe."

Jetzt hat sie ihn als Ehemann und Vater gewonnen. Ganz. Zum ersten Mal.

Und wir dürfen gespannt sein – auf den zweiten Teil der „ungeschminkten Liebe".

Helfen

Jede dieser Zeilen möchte Michael Schumacher nicht so gerne lesen. Weil er gern hilft, aber nicht darüber redet.

Entschuldigung, lieber Schumi, aber die Leute dürfen doch ruhig mal erfahren, dass du neben deinem großen Rennfahrer-Herz auch ein großes Herz für hilfsbedürftige Menschen hast.

Ein paarmal hat er es uns auch öffentlich gezeigt. Zum Beispiel bei der spontanen, bis heute einzigartigen und wahnsinnigen Summe von 10 Millio-

Wenn es um eine gute Sache geht und auch noch mit Fußball zu tun hat, ist Schumi dabei

Michael Schumacher feiert mit Schauspielerin Claudia Cardinale und Unesco-Direktor Matsuura die Ernennung als Unesco- „Champion of Sport"

100 solcher abgemagerten Pferde hat Corinna durch die Tierschutz-Organisation Peta geholfen

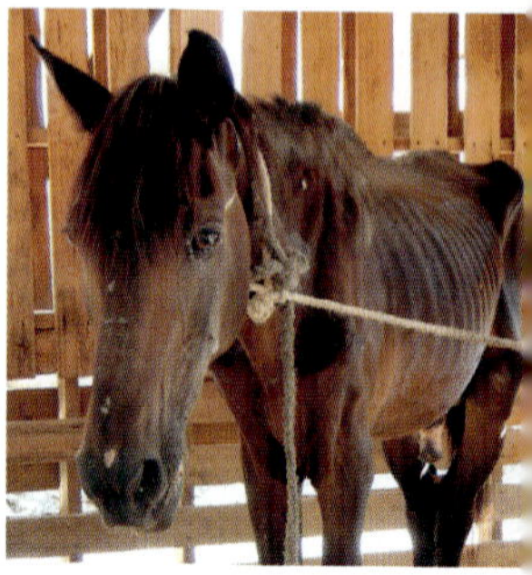

ohne große Worte

nen Dollar für die Tsunami-Flutwellen-Opfer 2004 in Südostasien. Zwei Millionen gingen damals in die Soforthilfe, acht Millionen – so entschied er es mit „Ein Herz für Kinder" – für langfristige Hilfsprojekte.

Michael Schumacher kümmert sich seitdem persönlich um die Verwendung dieser Gelder. Es wurden zum Beispiel Wasseraufbereitungsanlagen finanziert.

Auch bei der Hochwasserkatastrophe 2002 im Osten spendete er spontan eine Million Dollar. Schumi gibt aber nicht nur Geld, er sammelt für die Kinderhilfs-Organisation Unesco jährlich ein bis zwei Millionen. Er organisiert Benefiz-Fußballspiele mit Prominenten, kickte mit seiner Formel-1-Mannschaft „Nationale Piloti" Millionen zusammen.

„Mir geht's gut, ich bin gesund und habe eine gesunde Familie. Deshalb darf man diejenigen nicht ganz vergessen, die Hilfe brauchen. Und davon gibt's genügend", sagt Schumacher. Er hat viele Millionen gespendet, ohne dass es publik wurde. Weil er es nicht wollte. Und immer noch nicht will.

Vor vielen Jahren war er mal in Sarajewo und hat kranke Kinder gesehen – spontan hat er mit Millionen geholfen. Auch an einer Senna-Kampagne für Straßenkinder in São Paulo hat er sich stillschweigend beteiligt. Als Sonderbotschafter für San Marino stiftet er oft Ferrari-Utensilien für Versteigerungen zugunsten humanitärer Zwecke.

Mit Ferrari-Teamchef Jean Todt unterstützt er in Paris ein Institut für Hirn- und Rückenmarksgeschädigte (ICM). Dort wird geheilt und geforscht. „Wir bauen da selbst was auf, das ist das Interessante daran."

Auch Corinnas Herz schlägt für das Gute. Vor allem für Tiere, kranke Tiere. Mit der weltgrößten Tierrechts-Organisation Peta (auch Paul McCartney hilft) hat Michaels Frau 100 kranke Arbeitspferde in Antalya gerettet. Sie hat Tierärzte und Medikamente bezahlt. Auch sie hilft gern im Stillen.

Schauen Sie ruhig zweimal hin: Er ist es! Schumi hilft bei der Weinernte in der Schweiz. Der Erlös ist für hilfsbedürftige Kinder

Vater-Stolz

Der Blick von Vater Rolf Schumacher sagt mehr als alle Worte

„Häste jot jemaat, Jong“

Vater Schumacher spricht nicht gern über den Stolz auf seine Söhne, aber hier verrät er seine Beziehung zu Michael

Wie denkt ein Vater über seinen Sohn, der nach seinem Rücktritt als Formel-1-Rekord-Weltmeister Sport-Geschichte geschrieben hat?

„Das ist ganz schnell und ganz einfach gesagt: Der Michael ist der normalste Mensch der Welt.“

Rolf Schumacher, bei Michael Schumachers Ausstieg aus dem Ferrari 61 Jahre alt.

Und wie denkt dieser Sohn über seinen Vater? „Ich bin dankbar, wie wir aufgewachsen sind. Es waren bescheidene Verhältnisse. Dadurch haben wir die echten Werte des Lebens schon in frühester Jugend erfahren.“

Rolf Schumacher, der Vater des erfolgreichsten deutschen Sportlers aller Zeiten. „Es konnte ja keiner ahnen, wie sich alles entwickelt.“ Es hat sich ganz viel entwickelt im Leben der Schumachers. Die Söhne sind so erfolgreich, dass sie ihr eigenes Museum haben. Gleich neben dem modernen Kart-Center direkt an der Autobahn Köln–Aachen. Da flimmern Bilder von Michael und Ralf auf der Leinwand, wie sie sonst nie zu sehen sind. Michael hat Ralf auf einem Tellerlift zwischen seine Beine geklemmt. Recht wackelig eiern sie auf Skiern den Berg hoch. Rasen dann mit Schuss runter.

Vater Rolf erinnert sich. „Wir hatten doch nichts. Als Ofenbauer zog ich im Sommer im Wohnwagen durchs Land, damit wir uns im Winter einen Urlaub leisten konnten. Es reichte für ein paar Tage in Aschau im Zillertal.“ Rolf Schumacher hat sich damals als Kaminbauer freiwillig um die Nachtschicht bemüht. „Damit ich tagsüber Zeit für die beiden Jungs hatte.“

Rolf Schumacher hatte dem Michael sehr früh mit auf den Weg gegeben: „Du musst die Ellbogen raustun im Leben.“

An der Wand des Schumacher-Museums steht ein blank polierter Autokolben, festgeschraubt auf einem Stück Holz. „Das ist Michaels erster Pokal. Er war damals fünf. Eine Blechbüchse war der Tank am Kettcar, um den Schlauch habe ich alles abgelötet.“ Not macht erfinderisch. „Der Michael wollte immer nur

Aufpasser

Er hat zwar die schnellsten Söhne der Welt, aber Rolf ist von Haus aus skeptisch und passt auf

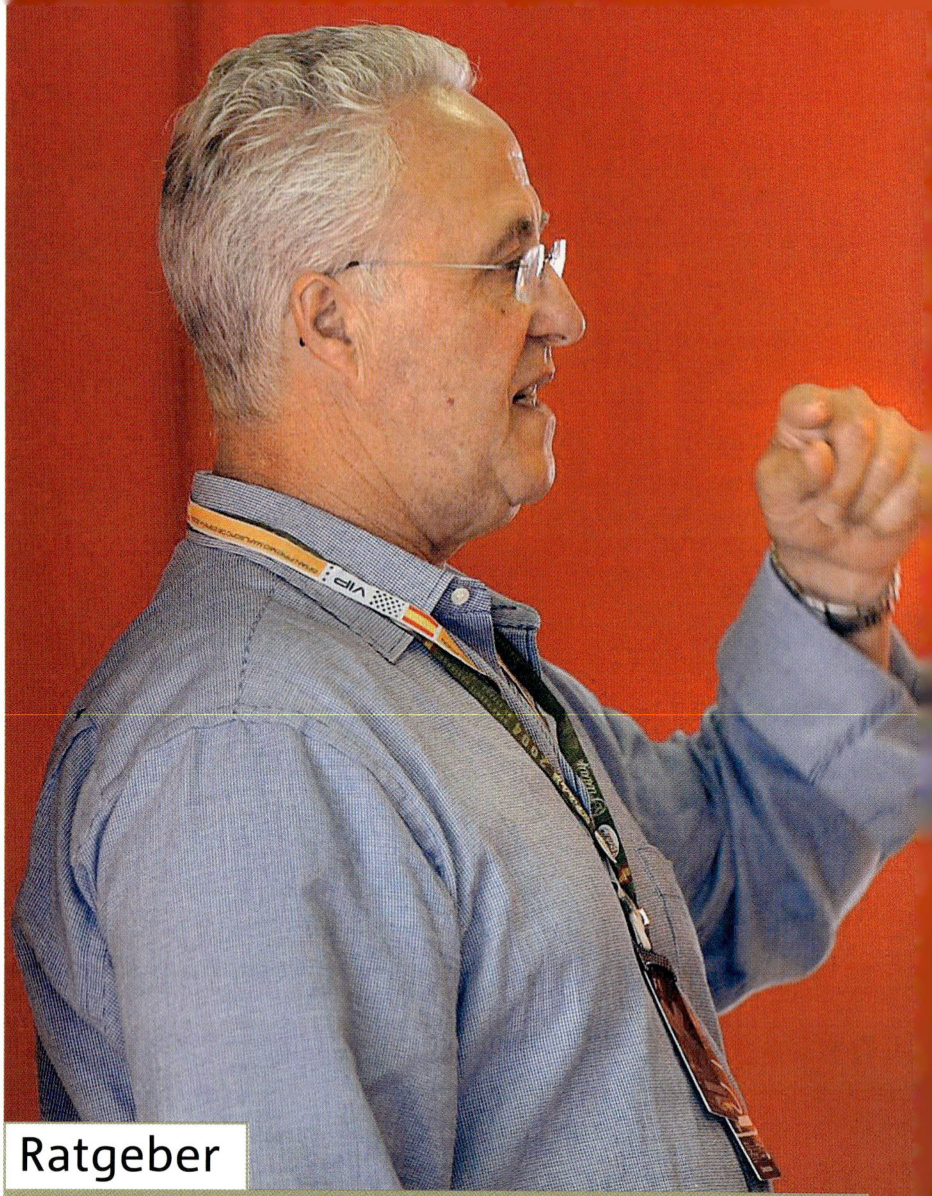

Ratgeber

Auch wenn Michael, wie hier 2004 in Spanien, schon sechs WM-Titel gewonnen hat – der Vater hat immer einen Rat für seinen Sohn

schnell fahren. Und kosten durfte es auch nichts. Also haben wir mit allem, was die anderen weggeschmissen haben, unsere Karts zusammengeschweißt und -gezimmert."

Papa Schumacher wunderte sich über den zähen kleinen Michael. „Er war damals ja so leicht und ziemlich klein. Er war ein richtiges Würstchen", lacht der Papa. Aber trotzdem zeigte sich schon damals, dass das Ziel die Schmerzen linderte. „Einmal war sein Knie aufgerissen. Es wurde geklammert. Aber kein Jammern, dafür fahren, fahren, fahren. Er war schon damals so zäh und ist es heute noch."

Jüngstes Beispiel. Als Michael Schumacher nach der enttäuschenden Saison 2005 (nur WM-Dritter abgeschlagen hinter Alonso und Räikkönen) vom letzten Rennen aus Shanghai zurückfliegt, geht er sofort in seinen Fitnessraum. „Weil ich plötzlich gemerkt habe, dass ich da etwas nachlässig geworden war."

Vater Schumacher erinnert sich vielleicht an eine Schlüsselszene, wann diese Besessenheit in seinem Sohn geboren wurde.

„Da war ein Junge, der ärgerte den Michael immer. Von da an wollte er auch so stark sein wie der. Also fing Michael mit Judo an. Und machte Rumpfbeugen. 80 vor der Schule, 80 nach der Schule. So mit sechs, sieben hatte er schon einen richtigen Waschbrettbauch." Rolf Schumacher guckt am wohlgeformten Hemd runter – und lacht ...

Nicht zum Lachen ist ihm bei der nächsten Geschichte. „Michael war im Kart irgendwann so gut, dass ihm der damalige Klub-Vorsitzende verbot, bei Wettbewerben mitzufahren, weil sonst die anderen nicht mitgefahren wären. Und auch die Kart-Zeitung war über den Dauersieger Michael Schumacher so sauer, dass sie sagten, wir berichten nicht mehr über den Ersten, sondern nur noch ab dem zweiten Platz."

Und trotzdem: So richtig hat der Papa nicht an seinen Sohn geglaubt. Zumindest nicht an seine Rennfahrer-Karriere. Denn obwohl Michael durch seine Erfolge immer mehr Zuschauer auf die Kartbahn lockte und das Imbissgeschäft immer besser lief, wollte er nicht alles Geld in den Traum seines Sohnes stecken. „Als Michael 10 war und wieder mal eine Kartreparatur von 800 Mark anstand, war mir das zu teuer. Die Familie brauchte ja auch etwas zu essen." Rolf Schumacher war froh, dass Freunde wie Gerd Noack (später Jürgen Dilk) halfen.

Die Formel-3-Zeit. „Ja, da verdiente er schon sein erstes Geld mit Rennfahren. Apropos Geld. Ich hab mich damals geärgert, als Michael den Führerschein machte. Schon ab der sechsten Stunde hätte er allein fahren können, aber der Fahrlehrer sagte uns, 20 Stunden seien Pflicht. Michael hat mir leidgetan, weil er die 20 Stunden von seinem Gesparten bezahlen musste. Er hat bei mir in dieser Zeit auf der Kartbahn 10 Mark die Stunde verdient. Einen besseren Schrauber an den Leihkarts konnte ich ja gar nicht finden."

Einen begehrteren Sohn auch nicht.

„Ja, ja, die Sache mit den Mädchen. Da hat der Michael früh angefangen. Die sind ihm schon mit 13 nachgelaufen. Aber er hat sich nicht verrückt machen lassen. Von gar nichts. Er ist trotz der Rennfahrerei nicht einmal in der Schule hängen geblieben. Das lag an seiner Auffassungsgabe. Wenn Michael einmal was hört, ist es bei ihm drin. Das war in der Schule so und das ist heute noch so.

Die Lehrer dachten manchmal, er schläft, wenn er so mit seinem Tirolerhütchen hinten in der letzten Reihe saß, aber wenn sie ihn aufgerufen

haben, hat er sofort gewusst, worum's geht."

Zwei Beispiele aus der Formel 1. Einmal fiel bei Benetton der Zeitcomputer an der Box aus. Michael konnte sich exakt an die Zeiten der letzten fünf Runden erinnern. Als der Computer wieder hochfuhr, staunten die Ingenieure nicht schlecht. Die Zeiten aus Michaels Kopf stimmten auf die Hundertstelsekunde mit dem Computer überein.

Beispiel 2. Eddie Irvine diskutierte im Ferrari-Bus mit seinem Renningenieur die Rundenzeiten und eventuelle Veränderungen. Michael, am anderen Ende des Tisches mit fünf Leuten dazwischen: „Das würde ich nicht machen, Eddie, das habe ich ausprobiert und bringt nichts." Vorsicht: Schumi hört und sieht alles ...

Zurück ins Museum. Die Welt der Schumachers. Man sieht den Formel Ford 1600, den ersten Benetton, die vielen Ferraris. Pokale glitzern. Aus Gold. Aus Silber. Aus Kristall. Was man nicht sieht, sind die 20 Jahre, die Vater Schumacher auf Montage bei Wind und Wetter schuftete, wie ihm die Hitze von geschmolzenem Eisen am Industrieofen manchmal fast die Schuhsohlen verbrannte.

Man sieht auch nicht mehr den Ferrari, den Michael seinem Papa mal zu Weihnachten geschenkt hat. „Ich bin in vier Jahren nur 8000 Kilometer gefahren. Ich hab ihn verkauft und hab noch gutes Geld dafür gekriegt", sagt er.

Rolf Schumacher war selten an den Rennstrecken dieser Welt. „Was soll ich denn da? Michael und Ralf haben ja doch keine Zeit. Die springen von einem Meeting zum nächsten. Da setz ich mich lieber vor den Fernseher, da hab ich mehr davon."

Da kann er schweigen. Lob oder Stolz gehen ihm schwer über die Lippen. Aber wenn er heute den Michael trifft, dann rutscht ihm schon mal raus: „Häste jot jemaat, Jong." Für Nicht-Kölner: „Gut gemacht, Junge."

Außerdem gibt es etwas, was der Vater des erfolgreichsten Rennfahrers der Welt noch lieber macht als seine Söhne bei den Rennen gucken. „Ich gehe zum Angeln." Für den Schumi-Papa das Normalste der Welt.

Frohnatur

Da kommt die kölsche Frohnatur durch. Schumi-Papa Rolf mit seiner langjährigen Lebensgefährtin Barbara Stahl

Der PS-Flüsterer. Michael hat Bruder Ralf im Kart in die richtige Spur gebracht – bis hin in die Formel 1

Der Große und der Kleine…

…und es wird immer so bleiben

Keine Brüder im Geiste

Auf dem Papier werden Michael und Ralf Schumacher immer Brüder sein. Im Herzen sind sie abgebogen.

Sonntag, 10. September 2006. Es ist 15.36 Uhr. Der Moment, in dem Michael nach 16 Jahren Formel 1 seinen Rücktritt zum Saisonende erklärt. Der Moment, auf den er sich drei Monate vorbereitet hatte. Der ihm mehr abverlangt als jede Schikane, jede noch so tückische Kurve vorher in seiner Karriere.

Das Fahrerlager von Monza ist wie leergefegt. Alle, von der Ferrari-Putzfrau bis zu Formel-1-Boss Bernie Ecclestone, starren auf die großen Bildschirme, die überall hängen. Viele haben feuchte Augen, als Schumi spricht. Ross Brawn, Ferraris sonst so kühles Superhirn, heult hinter seiner kleinen Brille wie ein kleines Kind.

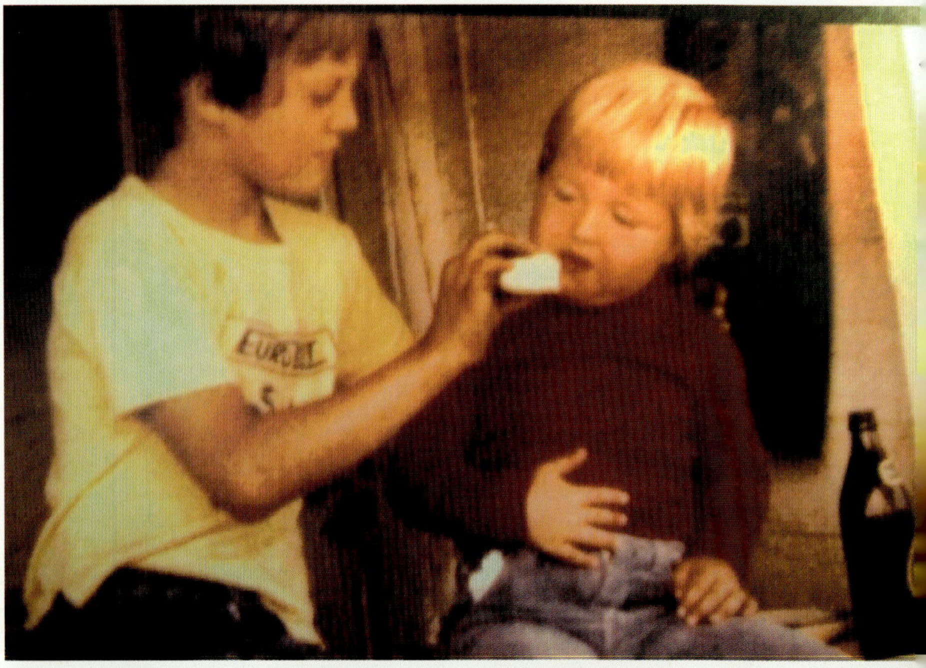

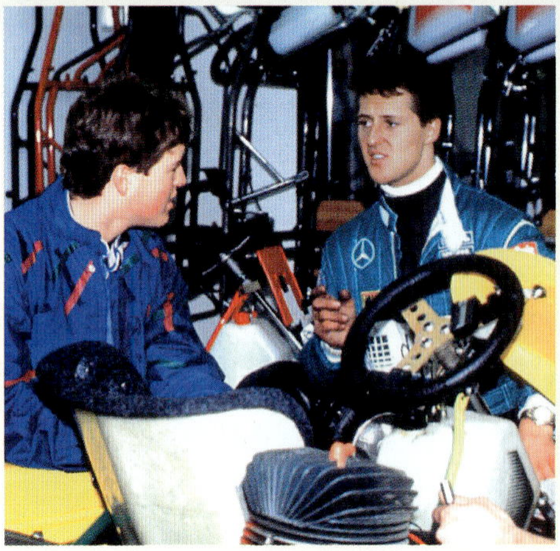

Ralf Schumacher packt

Im Toyota-Motorhome wirft der kleine Schumi grummelnd seine Sachen in den Trolley, verlässt Sekunden später strammen Schrittes das Fahrerlager. Seine Frau Cora, Schumis Schwägerin, hat Schwierigkeiten, hinterherzukommen. Zwei wartende Kamerateams, die um eine kurze Stellungnahme zum Karriere-Ende des Bruders bitten, lässt Ralf stehen.

Er will nichts sagen. Er will weg. Die ganze Aufmerksamkeit, die sein Bruder gerade wieder bekommt, ist Ralf zu viel. Jetzt soll er da auch noch mitjammern? Nein, dafür ist sein Kopf dann doch zu dick.

Seit Monaten hatten die Schumi-Brüder kein Wort mehr gewechselt. Über Michaels bevorstehenden Abschied schon gar nicht.

„Wir reden über so etwas nicht, dafür ist unsere Beziehung nicht eng genug", hat Ralf noch zwei Tage vor dem Rücktritt in Monza gesagt, „ich werde es vermutlich per SMS erfahren, wie er sich entscheidet." Der ganze Abschiedstrubel scheint ihn einfach nur zu stören. „Ich verstehe das ganze Bohei nicht", grantelt Ralf, „was ist denn, wenn Michael weg ist? Dann gibt's einen schnellen Fahrer weniger."

Ralf tut so, als würde der Pförtner von Toyota in Köln in den Ruhestand verabschiedet. Doch es ist sein Bruder, der geht. Der Bruder, der sich auf den Renn-Olymp gefahren hat. Der Bruder, der sich in der ganzen Welt Hochachtung erarbeitet hat.

Die Antwort des großen Schumi – Missachtung.

Zu tief hatte sich die Enttäuschung in seine Brudergefühle gefressen. Die nie ausgesprochene Enttäuschung über Ralfs Verhalten in den letzten gemeinsamen Formel-1-Jahren. Die nie ausgesprochene Enttäuschung über diesen Bruder-Dickschädel.

+++

Es war ja so viel passiert

In Kerpen-Manheim, 15 km westlich von Köln, stellen zwei Buben zum ersten Mal ihre Kinderfüße auf ein Gaspedal. Hier nehmen sie zum ersten Mal ein Lenkrad in die Hand und drehen ihre allerersten Runden. Es ist zwischen 1975 und 1980.

In Kerpen-Manheim stehen jede Menge Backsteinhäuser. Es gibt einen Bäckerladen, einen Fleischer und eine Gokartbahn.

DIE Gokartbahn.

Auf der „Graf-Berghe-von-Trips-Kartbahn", wie sie früher hieß, haben diese zwei Buben ihre Kindheit verbracht. Michael erinnert sich: „Ständig, eigentlich ohne Pause, waren wir an oder auf der Bahn. Darunter haben Dinge wie Hausaufgaben natürlich gelitten."

Peter Hantscher, der heute noch in der Kartbahn-Werkstatt arbeitet, kennt die Brüder – und sie kennen ihn. Für sie ist er der „Beppi". Ende der 70er-Jahre sind er und Michael gegeneinander Kart gefahren. Beppi: „Wir haben immer Rad an Rad gekämpft. Und eigentlich war ich auch der bessere Fahrer. Aber heute schraube ich hier an den Karts ..."

Gleicher Blick

Die Schumi-Buben staubten schon damals alles ab. Mit jedem Jahr, das sie älter wurden, wurden auch die Pokale größer und mehr. Michael zog seinen kleinen Bruder Ralf immer mit, egal ob beim Essen, in der Werkstatt beim Schrauben, beim Billard, Tischfußball und schließlich auch als Formel-1-Fahrer (Ungarn '94)

Auch Michael Schumacher war früher ununterbrochen in der Werkstatt. Er ist schon damals besessen. Er will immer alles ganz genau wissen. Er fragt und fragt und fragt. Irgendwo lauern doch immer noch ein paar PS. Nur finden müsse man sie – und rauslassen. Bis in die Nacht schraubt Michael an Lenkung, Motor und Fahrwerk.

Auch am Kart von Ralf.

Beppi: „Michael war damals der festen Überzeugung, dass Ralf mal besser wird als er. Er hatte großen Respekt vor dem, was Ralf gemacht hat. Er hat das riesige Talent seines Bruders als Erster erkannt."

Trotzdem hilft Michael dem Ralf, wo es nur geht. Sogar als er selbst schon regelmäßig Rennen in höheren Klassen fährt, ist er immer für seinen kleinen Bruder da. Als Mechaniker, als Motivator, als Organisator, als Anschieber.

Düsterer Blick

Michael vorn, Ralf hinten. Im Rennen nach der gemeinsamen Streckenbesichtigung 2001 in Imola war's umgekehrt. Ralf gewann, Schumi schied aus

Ralf weiterzubringen ist Michaels große Leidenschaft. Bruderliebe eben.

Überhaupt: Ralf ist Papas Liebling. Er kriegt alles geschenkt. Michael muss sich alles erarbeiten. Wie groß Michaels Herz damals für Ralf ist, zeigt auch jenes kleine Beispiel auf zwei Rädern.

Michael bekommt von seinem Förderer Jürgen Dilk eines Tages ein Moped. Ralf darf immer damit fahren. Als er eines Tages das Moped an die Wand setzt, traut sich Michael gar nicht, es dem „Herrn Dilk" zu sagen. Weil er seinen Bruder schützen will.

Michael sagt später: „Ralf hielt mich für einen Besserwisser. Das machte die Sache natürlich nicht

Bizarr

Vorn wird Ralf Schumacher nach seinem schweren Unfall 2004 in Indianapolis medizinisch versorgt, wenige Meter weiter donnert Michael im Ferrari vorbei. „Ich wusste, dass es ihm gut geht. Ich wurde per Bordfunk ständig unterrichtet", sagt Schumi später

gerade leichter. Ich musste höllisch aufpassen, dass er meine Tipps nicht als Anweisungen auffasste." Und Ralf gibt später zu: „Manchmal habe ich aus Trotz gerade das Gegenteil gemacht."

Die Kartbahn war ihr Leben. Michael: „Wir waren süchtig! Es ging immer darum, neue Rekorde aufzustellen. Wir wollten uns immer verbessern. Nichts und niemand konnte uns davon abhalten. Außer natürlich unsere Eltern. Die gaben uns schon zu verstehen, wann es mal wieder zu viel war. Aber das war im Nachhinein wohl auch gut so. Sonst hätten wir wahrscheinlich Tag und Nacht gebastelt – bis wir vor Müdigkeit umgefallen wären."

Heute sind die Schumi-Brüder nur noch selten in Kerpen, ihrer Heimat. Und wenn, dann meistens alleine. Ralf ehrlich: „Michael und ich leben unsere eigenen Leben. Wir haben unterschiedliche Interessen, auch der Altersunterschied macht sich bemerkbar. Ein Bruder muss ja auch nicht der beste Freund sein."

Der Motorsport, den sie so lieben und dem sie so viel zu verdanken haben, hat die Brüder im Laufe der Jahre zu Gegnern gemacht.

Dass Michael 1997 durch eine stille Überweisung an Eddie Jordan Ralf auf dem Weg in die Königsklasse hilft, passt ins inzwischen ver-rückte Bruder-Bild.

Immer wieder zoffen sich Ralf und Michael auf und neben der Strecke. Weil der rote Schumi in den Familien-Duellen zu viel riskiert? Weil sich ihre Frauen nicht verstehen? Weil Ralf Michael den vielen Erfolg neidet?

In einem Glückwunsch-Brief in BILD, zu Michaels 5. WM-Titel, schreibt Ralf: „Dieser fast unmenschliche Ehrgeiz, diese totale Akribie – das sind die Eigenschaften, um die ich ihn manchmal ein bisschen beneide. Als ich im September 1982 von meinem ersten Schultag nach Hause kam, da hatte Michael schon über 50 Pokale zu Hause stehen. Da war er zwölf – und fuhr schon seit über sieben Jahren Rennen. Damals war er mein Vorbild. Ich wollte so ein großes Kart fahren wie er, ich wollte so schnell sein, ich wollte so viele Pokale haben wie er. Am liebsten sogar noch einen mehr. Aber ich war halt der kleine Bruder. Und hörte Sätze wie: ‚Mach die Schule vernünftig. Dann kannst du machen, was Michael macht.'"

Der erfolgreiche große Bruder ist eine große Last für Ralf. 2005, nach einem brutalen Überholversuch von Michael auf der Zielgeraden von Monaco, bricht es dann aus ihm heraus: „Für mich hat sie Michael manchmal einfach nicht mehr alle! Aber was soll ich mit ihm darüber diskutieren? Einsehen tut er es ja eh nicht. Ich habe das Gefühl, er schaltet manchmal sein Gehirn ab."

Michael kontert: „Ich bin halt Vollblut-Rennfahrer. Wir sind hier doch nicht auf einer Kaffeefahrt ..."

Einmalig

Ralf hat's Michael gezeigt: Ich kann's auch! In Montreal 2001 standen zum ersten Mal in der Formel-1-Geschichte zwei Brüder auf dem obersten Treppchen. Michael gratuliert herzlich

Der Graben zwischen den Brüdern wird tiefer. Auch Papa Rolf weiß längst: „Meine Jungs sind grundverschieden. Michael fährt Rennen aus purer Leidenschaft, Ralf betrachtet die Formel 1 als einen Job. Michael war schon immer der Ehrgeizige, Ralf eher der Bequemere."

+++

Zurück zu Monza 2006. In seiner Abschiedsrede, oben auf dem Podium vor einer halben Milliarde TV-Zuschauern, da dankt Michael seinem Papa Rolf, seiner verstorbenen Mama Elisabeth, „der ganzen Familie" – nur von Ralf kein Wort.

Erstickte Bruderliebe. Auf die Frage im RTL-Interview nach potenziellen Nachfolgern antwortet Michael: „Wir haben viele gute deutsche Rennfahrer. Nick hat gezeigt, was er mit einem guten Auto leisten kann. Und mit Sebastian Vettel haben wir einen neuen Nachwuchsfahrer. Das sind die zwei wichtigsten Namen."

Wieder kein Wort von Ralf. Der parkt in der Tiefgarage von Michaels Herzen.

Eine verfahrene Kiste, die Sache mit den schnellsten Brüdern der Welt. Der Graben war nie so tief wie an dem Tag, als der große Bruder seinen Abschied verkündet. Auch ihre Frauen, beide an der Strecke, wechseln kein Wort.

Kaum zu glauben, wenn man dahin zurückblickt, wo die Gebrüder Brumm einst laufen, sorry, fahren lernten.

Aber vielleicht fangen sie ja eines Tages noch einmal von vorne an. Mit ihrer Bruderliebe. Wie damals, in Kerpen-Manheim.

Zwei Frauen

Cora

Offenherzig, die Haare fliegen im Wind. Für Ralfs Frau ist die Formel 1 ein Laufsteg

zwei Welten

Corinna

Mehr hochgeschlossen und zurückhaltend. Michaels Frau ist selten dabei

Die Frauen der Schumi-Brüder. Für viele der Grund, warum Michael und Ralf mit den Jahren immer weiter auseinander gedriftet sind. Corinna und Cora – zwei Frauen, zwei Lebenslinien. Corinna liebt Pferde über alles. Cora hat eine Pferde-Allergie. Corinna trägt Cowboyhut und Stiefel. Cora Piratenkopftücher und Tops.

Dabei begann alles mal ganz harmonisch.

Melbourne 2001. Michaels Frau Corinna nimmt Bald-Schwägerin Cora bei deren Formel-1-Debüt an die Hand, schlendert mit ihr durchs Fahrerlager. Alle glauben an den Beginn einer dicken Frauen-Freundschaft.

Imola 2001. Ralfs erster Formel-1-Sieg. Corinna und Cora glucken zusammen im BMW-Motorhome. Beide freuen sich über Ralfs Erfolg. Corinna: „Hauptsache, der Sieg bleibt in der Familie." Am Abend gehen sie zusammen feiern.

Happy Family?

Nürburgring 2003. Bei einer Feier am Sonntag nach dem Rennen kommt es zum Zerwürfnis. Corinna kritisiert Coras Auftreten und Kleidung. Böse Worte flirren hin und her. Cora wütend, Corinna weint. Sie wissen, dass sie in verschiedenen Welten leben.

Cora kleidet sich auf die Poleposition. Zumindest für die Fotografen. Das Fahrerlager ist Laufsteg. Schwägerin Corinna mag eher, wenn sie mal da ist, die Abgeschiedenheit im Ferrari-Motorhome. Cora packt die unterschiedlichen Welten der Schumi-Frauen in Worte. „Corinnas Wesen und meines sind total anders. Ich bin eine ehrliche, weltoffene Frau. Nicht der Typ, der anderen Leuten eine Geschichte vorspielt oder die heilige Mutter Teresa rauskehrt." Worte, in denen man wenig Sympathie für denjenigen erkennen kann, den man gerade meint.

Schumi-Manager Willi Weber sagte mal: „Als Cora in die Formel 1 kam, haben wir versucht, ein neues Image für Ralf und Cora zu kreieren. Sie sollten eine Art Glamour-Paar werden."

Fazit mit Folgen: Image-Kampagne geglückt, Familien-Frieden gestört.

Aber wer weiß: Manchmal ist es Zeit, die Menschen wieder einander näher bringt.

Augen-Blicke

Er ist seit 1988 Manager von Michael Schumacher. Sie sind durch alle Höhen und Tiefen gegangen. Willi Weber erzählt

Erfolg ist die Summe der richtigen Entscheidungen. So einfach lautet die Formel des Mannes, der die Karriere des erfolgreichsten Formel-1-Piloten gelenkt hat.

Willi Weber, in den Kriegswirren 1942 in Regensburg geboren, hat Michael Schumacher 1988 zum ersten Mal gesehen. Es war Vertrauen auf den ersten Blick. Willi Weber hat Michael Schumacher von dem damals 19-jährigen Rennfahrer-Talent zu einer Weltmarke gemacht.

„Ich habe keine Nummer so oft gewählt wie die vom Michel", lacht Weber, „ich befürchte, nicht mal die von meiner Frau."

Willi Weber und Michael Schumacher – sie wurden zur größten Nummer in der Formel 1. Der clevere „Mister 20 Prozent" hat Schumi und sich zu millionenschweren Freunden gemacht. Er erklärte – auch wenn es scherzhaft gemeint war, soll es nicht verschwiegen werden – das Phänomen Schumacher einmal so: „Der liebe Gott erschuf die Erde in sechs Tagen. Am siebten ruhte er. Und am achten Tag erschuf er den perfekten Rennfahrer – meinen Michael."

Vielleicht wurden die beiden Formel-1-Herrscher unzertrennlich, weil sie die gleiche Vergangenheit hatten. Weber polierte als Junge Silberknöpfe von alten Armeejacken, überstrich sie mit Nagellack, um sie zum Glänzen zu bringen. „Wir verkauften sie, um uns so zu ernähren", erinnert sich Weber. Der junge Schumacher kramte in seiner Kinderzeit alte, abgefahrene Schlappen aus Mülltonnen, um sie auf seine Karts zu ziehen.

Armut ist das beste Studium zur Zufriedenheit.

„Vielleicht haben wir uns auch deshalb gefunden, weil wir beide von ganz unten kamen. Der Michael ist schon lange mein bester Freund. Wir werden auch nach der Formel 1 alles zusammen machen."

Lassen wir Willi Weber mal einen Blick zurück werfen. Einen Blick auf die schönsten, traurigsten, lustigsten und unvergesslichen Momente mit Michael Schumacher.

Das erste Treffen

„Salzburg im Herbst 1988. Es goss wie aus Eimern. Ich war bei einem Formel-3-Rennen und sah diesen Burschen namens Schumacher. Der startete als Siebter und schoss als Erster durch die erste Kurve! Ich war hin und weg. Sofort nach dem Rennen ließ ich ihn zu mir kommen. Ich sah ihn zum ersten Mal ohne Helm, schaute ihm zum ersten Mal in die Augen. Und ich sah et-

Michael Schumacher hört schon 1992 genau zu, was Niki Lauda (links) und Willi Weber mit ihm vorhaben

Der Geschäftsmann

Von ganz unten nach ganz oben. Willi Weber machte aus dem Kerpener Rennfahrer-Talent eine Weltmarke. Der Schumi-Manager jongliert heute mit dreistelligen Millionenbeträgen was, das nur ganz, ganz wenige haben: einen unbändigen Willen. Ich sagte: ‚Ich heiße Willi Weber und hätte dich gerne in meinem Formel-3-Team.' Michaels erste Worte waren: ‚Mich? Warum mich?'"

Der bewegendste Moment

„Davon gibt es zwei! Mir lief es eiskalt den Rücken herunter, als Michael 1991 in Spa plötzlich in der Formel-1-Startaufstellung stand. Wir hatten es geschafft. Meine Notlüge (‚Keine Angst, Mr. Jordan, Michael kennt den Kurs blind'), das Geld, das ich investierte, der Zufall, dass Stamm-Pilot Gachot festgenommen wurde – ein einziges Gefühls-Chaos!

Noch schlimmer war's nur 1992 in Mexiko. Michael zum ersten Mal auf dem Podium. Ich heulte unten wie ein Schlosshund. Sein Boss Briatore klopfte mir auf die Schulter und meinte: ‚Was machst du denn erst, wenn er gewinnt?' Ich habe sofort aufgehört zu weinen."

Das größte Wunder

„Der erste WM-Titel 1994. Benetton war ein lustiger Haufen, okay. Aber ein Weltmeister-Team? Nee, wirklich nicht. Doch Michael setzt sich in dieses Auto, das wohl mehr Farben als PS hatte, und fährt plötzlich McLaren und Williams um die Ohren. Die waren alle total platt. ‚Du, Willi, ist der echt, oder kommt der vom Mond? Schick' uns mal 'nen Ableger', sagten sie zu mir."

Der größte Krach

„Da ging's wahrscheinlich um das bessere Hotelzimmer oder wer die Spaghetti bezahlen durfte. Ohne Flachs: Wir haben uns noch nie richtig in der Wolle gehabt! Irgendwie verrückt, aber irgendwie auch typisch: Wir finden halt für jedes Problem eine Lösung."

Die schwerste Entscheidung

„Das glaubt keiner: Es waren die Wochen, als wir über den möglichen Wechsel zu Ferrari grübelten. Die Italiener waren von ihren Glanz-Zeiten damals ja weit entfernt. ‚Was soll ich da?', fragte Michael immer wieder. ‚Die habe ich doch die ganze Zeit überholt!' Auf vier DIN-A-4-Seiten habe ich ihm alle Vor- und Nachteile aufgeschrieben. Irgendwann war Michael dann überzeugt! Wir haben Ferrari zugesagt. Und 1996 war gleich ein Horror-Jahr. Alle Teile flogen aus dem Auto. Ich wäre manchmal am liebsten im Erdboden versunken. In Michaels Gesicht sah ich, was er durchmachte… Gesagt hat er allerdings nie etwas."

Der traurigste Moment

„Das war im Auto, Michael saß neben mir. Wir waren auf der Heimfahrt von Spa nach Kerpen, nach seiner Formel-1-Premiere. Wir hatten dauernd diese Szene im Kopf, wie der Jordan nach 600 Metern einfach stehen blieb. Das war so bitter! Michael war total enttäuscht. Der Ausfall hat ihm die ganze Freude verdorben. Er hatte nämlich gemerkt, dass er sofort bei den ganz Großen mithalten konnte."

Die beste Idee

„Ganz klar, die Mütze! Ich war der, der Mützen mit Privat-Sponsoring in der Formel 1 salonfähig gemacht hat. Und ich bin stolz darauf, dass ich im Ferrari-Vertrag diese Mützen-Klausel durchsetzen konnte. Michaels erste Dekra-Kappe hat um die 100 000 Mark gebracht. Später war die Werbefläche das Zigfache wert!"

Der größte Ärger

„Raubkopien von Mützen und anderen Merchandising-Sachen. Es ist unglaublich, was meine drei Anwälte für Fälle bearbeiten müssen. Ein Fan hat sich zum Beispiel mal ein Autogramm auf eine Kachel schreiben lassen, in eine Badewanne eingesetzt und verkaufte die dann als Schumacher-Wanne."

Die Zukunft

„Michael ist mein bester Freund. Wer hätte das damals im Regen von Salzburg gedacht? Fünf Jahre lang hat er mich gesiezt, danach noch ein Jahr mal Du, mal Sie.

Und heute? Ich weiß, dass ich mich immer auf Michael verlassen kann. Wir werden geschäftlich zusammenbleiben, freundschaftlich sowieso. Eines Tages werden wir mit zwei Angeln an einem See sitzen und zurückblicken. Ach, der Michel und ich – wir können verdammt stolz sein…"

Der Freund

Der Manager ist längst bester Freund geworden. Weber und Michael Schumacher feiern den 5. WM-Titel in Magny Cours

Die wildeste Party

„Das war eine der legendären WM-Sausen. Michael stand gerade wieder auf der Karaoke-Bühne und versuchte sich an Sinatras ‚My Way'. Oder war es ‚Smoke on the Water' von Deep Purple? Plötzlich zog auf jeden Fall jemand den Stecker raus, die Begleitmusik war weg. Da hätten Sie Michael mal krächzen hören sollen! Norbert Haug und ich fielen fast um vor Lachen. Gut, dass sich der Junge fürs Rennfahren entschieden hat."

Von der Nudel-Mama bis zum Unsichtbaren: zehn Menschen, die ganz nahe an Schumacher dran sind – nicht nur auf der Rennstrecke

Sein engster Kreis

DIE NUDEL-MAMA

Mama Rosella. Wenn Liebe durch den Magen geht ... Rosella Paolucci ist die Chefin von Schumis Lieblings-Restaurant in Maranello. „Hier kriege ich die beste Pasta, die es gibt!", schwärmt Michael. Und Rosella, die für den großen Star im Keller extra einen kleinen Raum eingerichtet hat, schwärmt zurück: „Ich habe zwei Söhne. Meinen Alberto und den Michele." Schumi nennt seine Leib- und Magenköchin liebevoll „Mama". Rosella liefert ihrem „Michele" die Nudeln sogar an die Teststrecke. „Am streng bewachten Ferrari-Tor winken sie mich sofort durch", lacht die Pasta-Mama.

DIE KUMPELS

Heribert Füngeling und Peter Kaiser. Seine besten Freunde aus früheren Kart-Zeiten. „Wir lernten Michael auf der Kartbahn in Kerpen kennen. Wir schraubten zusammen, halfen uns gegenseitig, fuhren zusammen zu Rennen", sagen die zwei Schumi-Kumpels. Über 20 Jahre liegt das zurück. Die Freundschaft ist dicker denn je. „Er ruft uns von überall auf der Welt an, fragt, wie's uns geht", sagt Peter. „Er ist zu uns genau wie früher", bestätigt Heribert. Sie tauschen sich über ihre Familien aus und trinken ab und zu einen (oder auch mehrere, bevorzugt Bacardi-Cola). Ein Prosit auf die Dreierbande!

DER TV-ENTDECKER

Willy Knupp. Der Kölner hat 1984 die Formel 1 zu RTL gebracht. Alle Verträge mit Ecclestone ausgehandelt. Im März 1984 wurde sein erstes Formel-1-Rennen aus Rio (mit Senna-Debüt) für RTL übertragen. Willy Knupp wurde schon in der Kart- und Sportwagenzeit auf Schumacher aufmerkam, hat ihn zu RTL gebracht. Dann freundschaftliches erhältnis. Schumi schätzte am TV-Journalisten sein absoites Stillschweigen über vertrauliche wie private Gesprä-ne. Selbst mitten im WM-Kampf 2006 besuchten Micha- und Corinna den Kölner, als der im Krankenhaus lag.

DER LEIBARZT

Dr. Johannes Peil (52). Facharzt für Orthopädie und physikalische und rehabilitative Medizin. So die offizielle Bezeichnung. Einfacher: Schumachers zweites Immunsystem. Der Leiter der Sportklinik Bad Nauheim sorgte für eine medizinisch erstklassige Rund-um-die-Uhr-Versorgung. Seine beiden Physiotherapeuten Michael Harner und Ulf Nitschke waren immer bei Schumi. Dr. Peils Aufgaben: Von der richtigen Müsli-Mischung über die richtigen Impfungen (z.B. China, Brasilien), das richtige Elektrolyt-Management im Körper bis hin zu Spezial-Untersuchungen der Wirbelsäule. Dr. Peil: „Michael mag's einfach, aber perfekt."

DAS SUPERHIRN

Ross Brawn, die technische Autorität bei Ferrari, geht. Schumi hat ihn 1997 nach Maranello geholt. Er wusste um das Wissen und die Schläue des gelernten Atomphysikers – Schumi wurde mit dem Engländer zweimal Weltmeister bei Benetton ('94 und '95). Er kontrolliert alles von der Konstruktion bis Produktion. Der Fulltime-Teetrinker mit eigenem Weinkeller züchtet Rosen und fischt gerne. Fangrekord: Ein zwei Zentner schwerer Schwertfisch. Brawn tüftelt Michaels Rennstrategien aus, führt über jedes Rennen Buch! Seine hemmungslosen Tränen bei Schumachers letztem Sieg in Monza 2006 sagen mehr als Worte, wie eng und tief ihre Beziehung ist.

DIE LENKERIN

Sabine Kehm. Blonder Schatten des Weltstars. Wo er ist, ist sie auch. Seit 1999 lenkte sie Michael Schumacher durch die Medienwelt. Koordination und Abwägen von Interview-Terminen, Sponsoren-Auftritten, Imagepflege und -beratung und gleichzeitiges Abschirmen – das waren die Hauptaufgaben der Medienberaterin. Die ehemalige Journalistin (u.a. „Süddeutsche"), inzwischen Freundin der Familie, über ihre Arbeit mit Schumi: „Es ist extrem spannend, weil die ganze Welt an ihm interessiert ist."

DER UNSICHTBARE

Chris Dyer. Der Renn-Ingenieur. Der Australier war bis 2003 nur fürs Chassis zuständig, jetzt fürs ganze Auto. Schumi: „Chris ist maßgeblich daran beteiligt, wie schnell mein Auto ist und wie wir es abstimmen.“ Der hagere Mann ist gern im Hintergrund. Was Michael gefällt. „Wir haben ein sehr enges und freundschaftliches Verhältnis bekommen, auch mit seiner Frau. Es ist doch ideal, wenn man sich privat und beruflich sehr gut versteht.“

DIE SEELE

Balbir Singh. Zehn Jahre (von ’95 bis 2005) hat man den in Indien geborenen Physiotherapeuten neben Schumacher gesehen. Immer beim Start. Immer hat er, bei Regen wie bei Sonne, Schirm und Helm gehalten. Balbir Singh hat aber vor allem Schumi in der gesundheitlichen und seelischen Balance gehalten. Er war sein Physiotherapeut. „Ich durfte zehn Jahre ganz nah an seiner Seite sein. Er ist ein großartiger Mensch, sehr verständnisvoll, sehr warmherzig.“ Balbir hat ihn in den Schlaf massiert, ihn früh geweckt, ihm durch Gespräche über Zen, Tao und Buddhismus neue Welten geöffnet. Wenn Balbir Schumi ärgern wollte, hat er gefragt: „Hey, Chef, was machen wir heute?“. Michaels Antwort: „Nenn mich nicht Chef, wir sind Freunde!“

DER CHEF

Jean Todt. Teamchef bei Ferrari seit 1992. Väterlicher Freund von Michael seit 1996. Damals forderten die Italiener den Kopf von Todt, weil trotz Schumacher bei Ferrari nichts lief. Michaels Reaktion damals: „Entweder wir gehen beide oder keiner.“ Seitdem unzertrennlich. Sie gehen durch dick und dünn. Der eine deckt den anderen. Bei Skandalen wie in Indy, Zeltweg oder Monaco. Egal. Beide oder keiner. Todts Worte über seinen Weltmeister sind Liebeserklärungen. „Ich mag es, wenn du mit den Mechanikern Fußball spielst oder in der Halle Pizza isst ... Du bist einer, der da ist, wenn er gebraucht wird ... Du bist ein treuer Freund ... Du bist nach innen manchmal zerbrechlich ... Du hast uns mit deinem unbändigen Siegeswillen zu einem WM-Team geformt ... Du bist wie ein zweiter Sohn für mich.“

Der Spieler mit der

Er hat mit Hunderten, eher Tausenden von Journalisten aus aller Welt geredet. Aber nur ein Bruchteil hat Michael Schumacher vom ersten bis zum letzten Rennen begleitet. Hier sind sechs. Sie erzählen außergewöhnliche Geschichten

Er gehört zu einer anderen Rasse

Helmut Zwickl
Freier Journalist (Österreich)

Vor Jahren habe ich unmittelbar nach einem Monaco-Grand Prix im Fahrerlager Michael Schumacher gesucht und schließlich in einem VIP-Zelt gefunden.

Ich wagte zu fragen: „Sag' mir bitte schnell, was an deinem Ferrari passiert ist ..."

Mit zwei Wörtern hätte er meine Anfrage erledigen können – „Auspuff abgerissen" – statt dessen begann er zu dozieren: „Ich habe mich dazu schon geäußert. Du siehst doch, ich sitz' jetzt hier bei einem Bierchen, irgendwann will man doch auch seine Ruhe haben."

O Gott, o Gott, dachte ich.

Mir gingen blitzschnell meine Jahre mit Jochen Rindt, Emerson Fittipaldi, Jacky Stewart, Niki Lauda, Alain Prost, Nigel Mansell, Gerhard Berger bis Ayrton Senna durch den Kopf. Wir haben sie alle als Götter ins Geschichtsbuch der Formel 1 geschrieben, aber sie hatten alle begriffen, wem sie ihren Reichtum verdanken.

Schumacher war die neue Rasse. Eine Rennfahrer-Rasse, die von Kindheit an, ich zitiere Willi Weber, „wie Austern gezüchtet wird", um dann vom gnadenlosen System der Formel 1 vereinnahmt zu werden.

Die Trainer mussten ihn schützen

Im Hintergrund läuten Kirchenglocken, das Fußballfeld ein Acker – und das Nobelauto hinter dem Tor passt irgendwie nicht dazu. Michael Schumacher beim Fußball. Vor Zuschauern, die man locker hätte zählen können. Inklusive Kinderwagen.

Vielleicht war es gerade diese ländliche Atmosphäre beim FC Aubonne oder später beim FC Echichens, die Schumi begeisterte.

Keine verlogene Glitzerwelt. Der Duft der nahen Bauernhöfe und das Gebimmel der Kuhglocken als willkommene Abwechslung.

Beim Fußball, das habe ich oft erlebt, war Schumi ein anderer Mensch, auch wenn er immer der reichste Spieler auf dem Platz war ...

Doch die Kluft zwischen dem Superstar und seiner Umwelt beim Fußball existierte nicht. Schumi begrüßte seine Mitspieler wie alte Kumpels, wollte mit ihnen danach ein Bier trinken oder Würste grillen.

Nur den Ehrgeiz nahm er aus der Formel 1 mit. Verlieren ist und war für ihn ein Graus. Mit seiner Fitness, seinem Ehrgeiz und dem Kämpferherzen ließ er die anderen oft alt aussehen. Stiegen die Gegenspieler dann zu hart ein, nahmen ihn seine Trainer nicht selten vom Platz. Zum Schutz!

Roger Benoit
Blick (Schweiz)

Als Schumi am 10. September 2006 in Monza seinen Rücktritt erklärte, brach bei seinem Verein fast Panik aus. Über die Lokalpresse forderte man ihn auf, dem Klub treu zu bleiben. Den Spieler mit der offiziellen Spielerpassnummer 187 810 des Schweizer Fussballverbandes.

Er dachte an eine Papiertüte

Als der Brite Nigel Mansell 1994 im französischen Magny-Cours sein Comeback gab, genoss Michael Schumacher seine Ruhe im Abseits des Rummels.

„So müsste das eigentlich bei jedem Grand Prix sein. Ich will doch nichts weiter als Rennen fahren."

Achim Schlang
Freier Journalist (Deutschland)

Plötzlich plauderte Schumi von seiner Mitfluggelegenheit in einem Tornado-Jet der Luftwaffe. Seine Augen leuchteten: „Die Power, die in einem solchen Flugzeug steckt, ist einfach unglaublich. Der Jet machte sich über die Schwerkraft regelrecht lustig. Innerhalb von nur 90 Minuten zischten wir von Bremerhaven nach Nürnberg und wieder zurück – mit Loopings, Rollen und dem ganzen Drum und Dran. Es war schlicht atemberaubend!"

Doch dann gesteht Michael Schumacher: „Ehrlich gesagt, kreisten meine Gedanken gegen Ende des Fluges aber nur noch um eine Papiertüte."

Nummer 187810

Große Worte für Häkkinen

Vor fünf Jahren mussten wir Finnen die Schock-Nachricht vom Häkkinen-Rücktritt schlucken. Er war unser Held. Jetzt seid ihr Deutschen dran ...

Als ich Michael Schumacher 2001 bat, ein paar Zeilen für mein Häkkinen-Buch zu schreiben, sagte er gleich zu. Er schrieb: „Dein fehlendes Glück hat es mir ab und zu ein wenig erleichtert. Aber jetzt werde nicht faul, sondern lass' uns 2003 noch mal gegeneinander kämpfen. Ich warte auf Dich!"

Heikki Kulta
Turun Sanomat (Finnland)

Es waren großartige Worte, unter die Michael sein Autogramm setzte. Michael war immer ein sehr sympatischer Sportsmann, ich fühle mit all den Deutschen, die ihn jetzt vermissen werden.

Wir in Finnland werden die Duelle Häkkinnen–Schumi nie vergessen. Kiitos kaikesta – Danke für alles, – Michael Schumacher!

Er verriet mir einen Traum

Die Ferrari-Teststrecke in Fiorano. Eines Tages im Frühling 2001. Michael Schumacher und ich sitzen im Wohnzimmer des ehemaligen Bauernhofs, den Enzo Ferrari in sein Büro umgewandelt hat. Ich denke an die Nachmittage, an denen mich der Firmengründer hier auf das gleiche Sofa eingeladen hatte, um mit mir zu philosophieren.

Pino Allievi
Gazzetta dello Sport (Italien)

Ich frage Schumacher, was für eine Idee er vom großen Enzo Ferrari hat. Er starb ja 1988, und Schumacher konnte ihn nie kennenlernen. „Ich habe das Gefühl, dass er von einem starken, harten Charakter geprägt war. Anders hätte er ein so ein einzigartiges, exklusives Werk nicht kreieren können."

Während wir sprechen, läuft ein Tonband. Es irritierte mich. Mit dem großen Enzo Ferrari war es anders. Man sprach frei von der Leber weg, und letztendlich wußte ich immer, was ich schreiben konnte, und über was ich besser schweigen sollte. Wir reden über Italien. Ich merke, dass er wenig von dem Land kennt, das ihn vergöttert. „Ich mag eure Mode sehr. Die Anzüge, die Krawatten, aber ich ziehe sie fast nie an."

Wir reden über seinen Bruder Ralf. „Er ist charakterlich meiner Mutter viel ähnlicher. Ich bin mehr wie mein Vater: Wir sind beide Sturköpfe."

Wir reden über alles. Sogar über seine Träume. „Ich träume häufig, dass ich mit meinen Kindern Hand in Hand durch einen Park gehe, ohne erkannt zu werden. In der Realität wird es nie so sein." Er sagt noch, dass er die Farbe Grün sehr mag. Weil sie die Farbe der Natur ist.

Er verrät auch, dass er nie im Städtchen Maranello war. Ich hoffe, daß er in der Zwischenzeit doch einmal da war. Auch vielleicht nur, um einen Schnappschuss in seinem Inneren zu behalten. Für die Tage, wenn Rennen und Ferrari irgendwann weit von ihm entfernt sind. Genau wie dieses Maranello.

Plötzlich küsste ihn ein Fan

So akribisch, perfekt und diszipliniert wie auf der Strecke war Michael Schumacher auch bei der Arbeit mit uns Journalisten.

Ich habe jeden seiner Grand Prix live miterlebt, und natürlich wurde er mit den Jahren und den WM-Titeln immer seltener verfügbar. Längere Interviews gingen nur bei Testfahrten. An eines, 1996 in Monza, erinnere ich mich besonders.

Michael Schmidt
Auto, Motor und Sport (Deutschl.)

Es war Mittagspause, und auf der Haupttribüne saßen nur ein paar Fans. Wir haben uns einen Plastikstuhl geschnappt, sind mit Michael auf die Zielgerade, haben ihn auf den Stuhl gesetzt, mit dem berühmten Monza-Turm im Hintergrund. Unser Fotograf Daniel Reinhard lag auf dem Boden, knipste und gab Schumacher seine Anweisungen.

In der Zwischenzeit hatten es unbemerkt vier Fans über den Sicherheitszaun geschafft. Erst dachten sie, da sitzt ein Pappkamerad. Sie waren so perplex, ihren großen Helden leibhaftig da sitzen zu sehen, dass sie zu Salzsäulen erstarrten. Nur einer traute sich weiter vor. Michael, inzwischen im Schneidersitz auf dem Asphalt, sah ihn wohl aus dem Augenwinkel, konzentrierte sich aber – typisch Schumi – auf seinen Job.

Da stürzte der Fan auf sein Idol zu, umarmte und küsste es. Es war das letzte Foto dieser Produktion. (Foto auf Seite 157)

Etwas später grinste Michael: „Der Kerl hätte sich wenigstens rasieren können."

Ein MANN *für* JEDEN SPORT

Let’s get ready to rumble! Schumi zieht sich nach hektischen Renn-Wochenenden oft zurück, boxt aufgestauten Frust weg und lässt einfach nur die ***Fäuste*** fliegen. Das macht den Kopf frei

Hoch, höher, Schumi. Er liebt es, sich an der ***Kletterwand*** zu quälen. „Klettern ist gut für Armmuskulatur, die Balance und die Konzentration“, sagt er

Michael Schumacher ist süchtig – süchtig nach Sport!

Ohne Sport kann er nicht, ohne Sport geht's nicht. Keinen Tag, nirgendwo. „Ohne Sport bekomme ich schlechte Laune. Fitness ist wichtig für mein Wohlbefinden, Selbstbewusstsein und meine psychische Stärke“, gibt Schumi offen zu.

Er ist ein Mann für jeden Sport. Er trainiert am Boxsack, klettert an der Steilwand, wagt sogar Tandemsprünge mit dem Fallschirm. Dazu liebt Schumacher Beach-Volleyball, Mountainbiking, Skifahren, Tauchen.

Und, na klar – Fußball. „Auf dem Platz“, lacht er, „bin ich aufgeregter als im Cockpit ...“

Querfeldein, zu fast jeder Zeit: Jogging gehört zum Programm. Ein paar ***Laufschuhe*** hat er immer dabei

Einfach mal fallen lassen… beim ***Tandem***-Fallschirmspringen in Amerika. Er erzählt: „Eines der tollsten Erlebnisse meines Lebens – dabei ging mir vorher ganz schön die Muffe“

Kraft-Meister. Zu Hause in der Schweiz hat er eine eigene ***Power***-Kammer. Auch bei Testfahrten stand immer ein Fitness-Truck für ihn zur Verfügung

Wehe, er kommt ins ***Rollen!*** Bis zu 50 Kilometer fährt er täglich. „Im Sattel kann ich super entspannen“

Mit der ***Rückhand*** im Vorwärtsgang. Wenn er auf Reisen ist, spielt er gern Tennis. Die Hitze macht ihm nichts aus: „Ich kann mich klimatisch überall schnell anpassen“

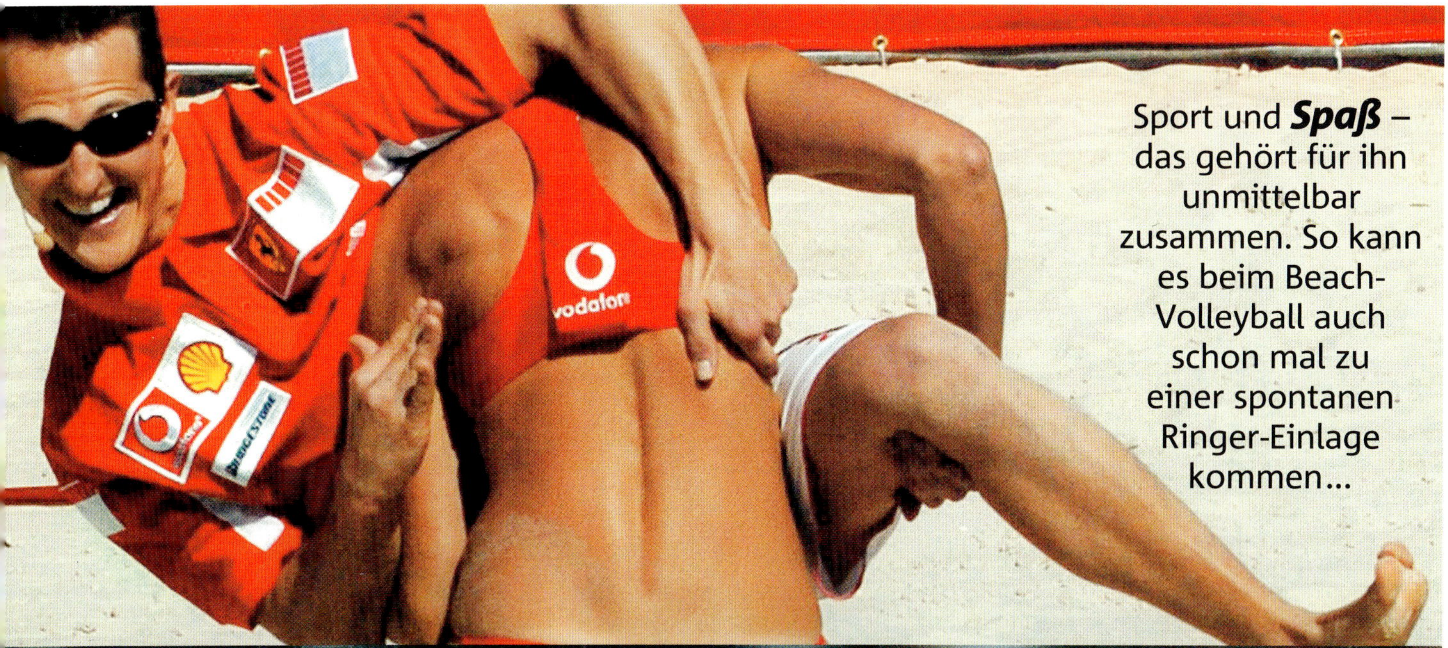

Sport und ***Spaß*** – das gehört für ihn unmittelbar zusammen. So kann es beim Beach-Volleyball auch schon mal zu einer spontanen Ringer-Einlage kommen…

Hobby Nr. 1: Fußball. Er kickt für sein Leben gern, ob privat oder für den guten Zweck. Er stand schon mit Ronaldo und Zinedine ***Zidane*** auf dem Platz

Der

Rekord-Weltmeister Michael Schumacher – er ist auch finanziell in neue Dimensionen gefahren. Einst verdiente er als Kfz-Lehrling 528, später 599 Mark im Monat. Als Mr. Unschlagbar kassierte er in seiner letzten Ferrari-Saison rund 4,1 Millionen Euro. Auch im Monat! Das sind 1,60 Euro pro Sekunde. Sein Vermögen bei Karriere-Rücktritt wird auf 650 Millionen Euro geschätzt. Die Geld-Kurve:

4 MIO. EURO
3 MIO. EURO
2 MIO. EURO
1 MIO. EURO
1 MIO. MARK
500 000 MARK
250 000 MARK
100 000 MARK
50 000 MARK
25 000 MARK
10 000 MARK
5 000 MARK
2 500 MARK
1 000 MARK
20 MARK

20 Mark

1976: 1. TASCHENGELD
Michael wächst in einfachen Verhältnissen in Kerpen-Manheim (NRW) auf. Mit sieben Jahren bekommt er von Papa Rolf sein erstes Taschengeld: 5 Mark die Woche (heute 2,50 Euro). Schumi: „Dafür musste ich auf unserer Kartbahn sauber machen und Schrauben putzen. Ich habe all mein Geld für eine Tischtennisplatte gespart."

528 Mark

1987: KFZ-LEHRE
Im Autohaus von Willi Bergmeister (Langenfeld/NRW) verdient Schumacher im zweiten Jahr seiner Kfz-Lehre 528 Mark (heute 269 Euro) im Monat, im dritten Jahr 599 Mark. Sein damaliger Arbeitskollege und Ausbilder Olaf Friedrich: „In der Praxis war Michael sehr gut, nur mit der Schule nahm er es nicht so ernst. Er hatte nur Rennfahren im Kopf."

2000 Mark

1988: 1. PROFI-VERTRAG
Schumacher wird Deutscher Meister in der Formel König. Willi Weber nimmt ihn unter Vertrag. Der Manager zahlt ihm 2000 Mark monatlich (heute 1022 Euro). Schumi: „Ich war einfach nur stolz. Andere mussten Geld bezahlen, ich bekam Geld. Das war eine große Ausnahme." 1989 und '90 fährt er Formel 3, 1991 bildet er mit Karl Wendlinger und Heinz-Harald Frentzen das Mercedes-Junior-Team.

3500 Mark

1991: 1. BENETTON-VERTRAG
Der Durchbruch. Schumi fährt in Spa (Belgien) sein erstes Formel-1-Rennen für Jordan, wechselt danach zu Benetton und zieht ins Steuerparadies Monaco um. Er spricht damals noch ganz offen über seine Finanzen: „1991 habe ich 5000 US-Dollar pro WM-Punkt bekommen, insgesamt verdiente ich rund 40 000 Mark in dieser Saison."

1976 1987 1988 1991

verdient's (im Monat)

650 Mio. Euro Vermögen

2006: KARRIERE-ENDE
Am 10. September gibt Schumacher nach seinem Sieg in Monza seinen Formel-1-Rücktritt bekannt. In den zurückliegenden 15 Jahren hat er durch seine Raserei ein Vermögen von geschätzten 650 Millionen Euro eingefahren.

1,6 Mio. Mark

1994: 1. WM-TITEL
Er ist ganz oben. 1. WM-Titel mit Benetton. Ab sofort ist er auch der Werbe-Weltmeister. Dekra, Tag-Heuer, Bell, RTL zahlen zu seinem Jahresgehalt von 15 Mio. DM noch mal 5 Millionen Mark Sponsoren-Gelder.

2,9 Mio. Euro

2000: 1. TITEL MIT FERRARI
21 Jahre lang hat Ferrari seit Jody Scheckter auf den nächsten Titel gewartet – dann erlöst Schumacher (Monats-Einkommen: 2,9 Mio. Euro) ganz Italien: WM-Sieg mit Ferrari! 2001 verlängert er bei Ferrari bis 2004, kassiert dann 3,5 Mio. Euro pro Monat.

1 Mio. Euro

2007: WERBE-KÖNIG
Familie Schumacher zieht nach Gland am Genfer See um. Auf sein neues, rund 40 Mio. Euro teures und 60 Hektar großes Anwesen in Gland am Genfer See hat er sich eine 2200 Quadratmeter große Villa mit einer Tiefgarage für 25 Autos, eine eigene Tankstelle, einen Fußball- und einen Hubschrauber-Landeplatz sowie ein Gästehaus bauen lassen. Als Werbe-Kaiser (u.a. für Shell, ATU, DVAG und Omega) fließt weiter über eine Million Euro im Monat auf sein Konto.

3,8 Mio. Mark

1996: WECHSEL ZU FERRARI
Der Wechsel zum Traditions-Team Ferrari. Er verdient ab sofort königlich: 3,8 Mio. Mark (1,9 Mio. Euro) monatlich (Gehalt und Sponsorengelder). Gemeinsam mit Frau Corinna (Hochzeit 1995) wechselt er die Steuer-Oase, Umzug von Monaco nach Vufflens-le-Château in die französische Schweiz. Ein Jahr später kommt Tochter Gina-Maria zur Welt.

4,1 Mio. Euro

2004: 7. WM-TITEL
Unglaublich: Von seinem 1. Fahrer-Vertrag 1988 (1022 Euro) bis zu seinem siebten Weltmeister-Titel hat der Renn- und Geld-König eine Lohnsteigerung von 417 174 Prozent erfahren. Bis einschließlich 2006 kassiert er monatlich rund 4,1 Mio. Euro (Ferrari-Gehalt plus Sponsoren-Gelder).

994 | 1996 | 2000 | 2004 | 2006 | 2007

Ein Macher & seine Mode

Schick, schicker, Schumi! Im Laufe seiner Karriere veränderte sich auch das Outfit des Formel-1-Königs. Zuletzt wurde das Fahrerlager immer mehr zum Mode-Laufsteg für den Rennfahrer. Aber nur donnerstags – danach tauchte er in Ferrari-Rot ...

Schumi, der Boss

Mit seiner Lieblingsmarke hat er keinen Werbevertrag! Zweimal im Jahr geht er in Metzingen bei Hugo Boss shoppen, auch das weinrote „No Risk, No Fun"-Shirt (oben) kommt daher

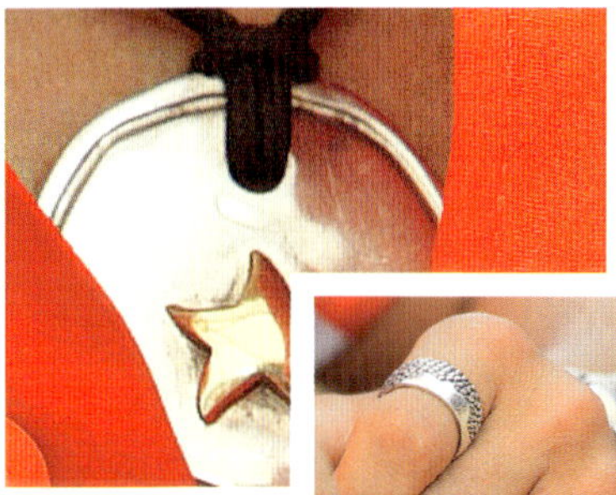
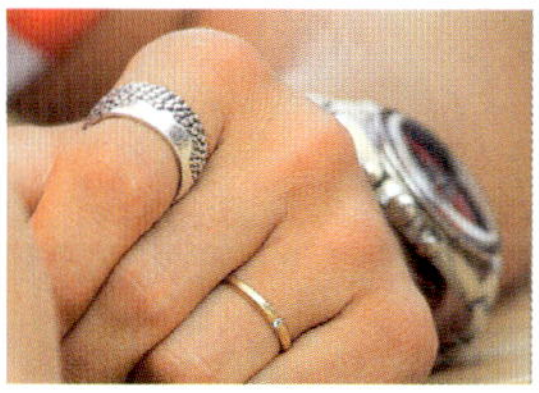

Champions-Look

Der Freizeit-Schumi hat 1000 Gesichter. Und er legt großen Wert auf den passenden Halsschmuck. Überall auf der Welt kauft er sich Glücks-Amulette

Schumis Popometer

Sein Hintern ist sensibler als jeder Ferrari-Computer ● Das Geheimnis seiner unglaublichen Erfolge – besonders bei Regen

Nach einem Sieg auf dem Nürburgring geht BILD-Kolumnist Hans-Joachim Stuck auf die Suche nach Schumachers Sieg-Geheimnis. Er wird fündig. Das Popometer ist geboren! Stuck: „Schumis Hintern ist sensibler als jeder Ferrari-Computer. Sein Popo ist sein wichtigster Sensor. Wenn einem seiner Reifen auch nur 0,02 Bar Luftdruck fehlen, schlägt sein Hinterteil Alarm. Schumi hat einen Popometer, und der ist vom Allerfeinsten eingestellt.“ Stucks Erklärung: „In einem Formel-1-Auto liegen die Füße höher als das Hinterteil. Deine Po-Backen sind also der tiefste Punkt. Hier hast du den direktesten Kontakt zu deinem Auto.“ (erschienen 23. 5. 2000)

FERRÜCKT!

Es gibt viele verrückte Geschichten um sein Leben. Hier sind sieben

Schumis Heimatdorf wird weggebaggert

...wegen Braunkohleförderung

Rat-ta-ta-zong – weg ist der ... Nein, nicht der Balkon. Weil sich unter Kerpen-Manheim, Heimatdorf des besten Rennfahrers der Welt, ein großes Braunkohle-Vorkommen befindet, soll es bis 2012 weggebaggert werden. Sein Elternhaus, die Kartbahn – alles soll platt gemacht werden. Eine Ortsvorsteherin: „Wegen der Braunkohle geht's um sehr, sehr viele Millionen. Da kann selbst Schumi nichts machen ...“ (erschienen 14. 4. 2004)

Das Kinn gibt den Ausschlag

Schau auf sein Kinn, dann weißt du, dass er der Beste ist. Was viele Schumi-Fans immer nur vermuten – Deutschlands Gesichtsforscher Dr. Peter Breidenbach (Heroldsberg) bestätigt es in BILD: „Sein Kinn gibt den Sieg-Ausschlag. Es zeugt von absoluter Willensstärke. Sein Kieferbogen drückt aus, dass er wenig Rücksicht nimmt, wenn es um die Durchsetzung geht.“ (erschienen 27. 9. 2003). Dazu passt die Geschichte vom Briten-Forscher Mike Land (Uni Sussex). Sein Forschungs-Ergebnis: Schumi hat den Turbo-Blick, guckt schneller als er fährt. Land: „Michael schaut voraus! Seine Augen fahren eine Sekunde schneller als sein Auto die Strecke ab.“ (erschienen 16. 8. 2001)

Sechs Monate bastelten und schweißten die vier Schumi-Fans aus Sachsen-Anhalt in ihrer Garage an einem Nachbau des Ferrari

Schumi-Fans Ferrari hat unser Lebenswerk zerstört

Absurd! Weil vier Fans aus Sachsen-Anhalt Schumis Ferrari fast originaltreu nachbauen, werden sie vom millionenschweren Konzern aus Maranello verklagt! Grund: Verletzung des Markenrechts. Noch irrer: Das Frankfurter Landgericht brummt den Bastlern 5000 Euro Strafe auf. Bastler-Boss Jörg Heinze: „Ferrari hat unser Lebenswerk zerstört." Aus Wut zersägen die Schumis-Fans das Auto. (erschienen 12. 4. 2002)

Dieb beichtete beim Pfarrer

„Ich habe Schumis Helm geklaut"

Schwuppdiwupp, da ist die Haube weg! Ein 60-jähriger Mann klaut Schumachers neuen Hightech-Helm (Wert: 12 000 Euro) beim Hersteller „Schu-berth". Wegen seiner großen Gewissensbisse trägt er ihn wenig später in einer Plastiktüte zum Pfarrhaus der St. Andreas-Gemeinde in Braunschweig. Der Dieb stammelt: „Ich habe eine große Dummheit getan." (erschienen 11. 2. 2002)

Schumis Arme sind 14 Millionen wert

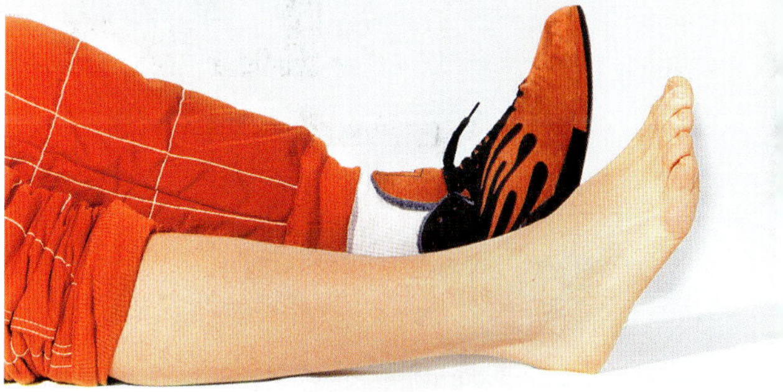

Die Arme von Schumacher müsste man haben! Italienische Versicherungs-Experten haben ausgerechnet, dass seine Arme bis zu 14 Mio. Euro wert sind (erschienen 18. 5. 2005). Damit nicht genug: BILD erklärt den rechten Gasfuß. Und enthüllt seine Geheimnisse: Schuhgröße: 40,6. Der Rennfahrer ist unter dem leichten Senk-Spreiz-Fuß kitzelig. Seine Nägel sind immer sehr kurz geschnitten (damit er nicht in den Rennschuhen hängen bleibt). Die kleine Delle auf dem Fuß sind harmlose Knochen-Ablagerungen vom Fußballspielen. Versichert ist der Gasfuß angeblich mit 5,6 Mio. Euro beim Londoner Versicherer „Lloyds". (erschienen 13. 2. 2003)

Schumi schlägt Eurofighter

...aber nur über 600 Meter

Von MAURO NOGARIN

890 gegen 74 000 PS. Schumacher gegen einen Eurofighter. Auf einem Militär-Flugplatz in Grosseto (Italien) stehen sie zum irrsten Rennen aller Zeiten bereit. Auf der Kurzstrecke bis 600 Meter ist der Ferrari 2003 GA tatsächlich schneller! Um 0,2 Sekunden. Über 900 und 1200 Meter siegt der Kampfjet. Schumi: „Jetzt weiß ich, dass mein Ferrari das Tempo zum Abheben erreicht. Beim nächsten Mal drehe ich einfach meine Flügel um – und ab geht's." (erschienen 12. 12. 2003)

Schumi *in Steno*

Name:	Schumacher, Michael
Beruf:	Formel-1-Rennfahrer
Alias:	„Pelé der Formel 1", so genannt von Ferrari-Chef Luca di Montezemolo, „Schumi" seit Formel-1-Einstieg
Geburtstag:	03. 01. 1969 (Steinbock)
Geburtsort:	Hürth-Hermülheim
Staatsbürgerschaft:	Bundesrepublik Deutschland
Konfession:	Katholik
Augenfarbe:	grün-braun
Gewicht:	73 Kilo
Haarfarbe:	braun
Körpergröße:	174 cm
Schuhgröße:	41 (genau 40,6)

FAMILIE

Familienstand:	verheiratet
Partnerinnen:	1: Pütz, Stefanie; Freundin, getrennt 2: Schumacher, Corinna, geb. Betsch; geb. 02. 03. 1969, Bürokauffrau, befreundet seit Nov. 1991, verheiratet seit 01. 08. 1995 (standesamtlich), 05. 08. 1995 (kirchlich)
Vater:	Schumacher, Rolf, ehem. Feuerungsmaurer
Mutter:	Schumacher, Elisabeth, gestorben am 20. 04. 2003 im Alter von 54 Jahren
Bruder:	Schumacher, Ralf, geb. 30. 06. 1975, Formel-1-Rennfahrer

AUSBILDUNG

Schule:	Pausenwang-Grundschule in Kerpen, Otto-Hahn-Realschule in Kerpen-Sindorf
Schulabschluss:	Realschule
Berufsausbildung:	1987 Lehre zum Kfz-Mechaniker in Langenfeld im Betrieb Bergmeister

ÄMTER

seit 1991	Mitglied des Motorsport-Vereins „Scuderia Bergheim"
seit 1994	Gründungs-Mitglied des Fahrerrates der Grand-Prix-Gewerkschaft (GPDA)
seit 1995	Sonderbotschafter Sport und Erziehung der UN-Kulturorganisation Unesco
seit 1997	Mitglied des Schweizer Fußballvereins FC Aubonne (Spielerpass-Nr.: 187810), Mitglied des FC Echichens
seit 2002	Mitglied des Fußballvereins 1. FC Köln (Nr.: 10371)
seit 2003	Sonderbotschafter der Republik San Marino („Ambasciatore al disposizione")
seit 2005	Mitglied des Vereins Sportler für Organspende (VSO)

LEBENSLAUF

1974	mit 5 Jahren erstmals Teilnahme an einem Rennen
1984–'85	jeweils Deutscher Juniorenmeister (Kart)
1985	Vizeweltmeister (Kart)
1986	Erwerb des Führerscheins (21 Fahrstunden)
1987	Junioren-Europameister (Kart)
1988	Deutscher Meister (Formel-König), Vizeeuropameister in der Formel Ford 1600
1989–'90	Teilnahme Formel-3-Serie
1990	Deutscher Meister (Formel 3), Vertrag mit Mercedes-Werksteam für die Sportprototypen-WM
1991	Formel-1-Pilot im Jordan-Team, 25. 08. Debüt: GP von Belgien in Spa
1991–'95	Pilot für Benetton-Rennstall
1992	Als drittjüngster Fahrer der Formel-1-Geschichte Gewinn 1. Grand Prix in Spa
1992–'96	Wohnsitz in Monaco, Stadtteil Fontvieille
1994	13. 11. Weltmeister der Formel 1
1995	30. 07. Als erster deutscher Formel-1-Fahrer Gewinn des GP von Deutschland in Hockenheim; 22. 10. Erneut Weltmeister
seit 1996	Fahrer im Ferrari-Rennstall
1996	Umzug nach Vufflens le Château am Genfer See; 02. 06. Erster Sieg für Ferrari in Barcelona
1997	11. 11. Aberkennung der Vizeweltmeisterschaft
1999	11. 07. Kurz nach Start in Silverstone Unfall mit Beinbrüchen (siehe Krankheiten), 06. 10. Audienz bei Papst Johannes Paul II.
2000	10. 09. 41. GP-Sieg in Monza (Senna-Rekord eingestellt), 8. 10. mit Sieg in Suzuka zum 3. Mal Weltmeister
2001	Vertragsverlängerung Ferrari bis Ende 2004, 19. 08. Mit Sieg in Ungarn zum 4. Mal Weltmeister, 02.09. In Spa sein 52. GP-Sieg (damit 1 Sieg mehr als bisheriger Weltrekordhalter Prost)
2002	21.07. mit Sieg des GP von Frankreich vorzeitig 5. WM-Titel
2003	14. 09. GP von Italien ist der 50. Sieg für Ferrari, 12. 10. Gewinn des 6. Titels (damit alleiniger Rekordhalter vor Fangio mit 5 WM-Titeln)
2004	29. 08. Gewinn des 7. Weltmeistertitels
2006	23. 04. Mit 66. Pole-Position (in Imola) Rekord von Senna übertroffen

GEMANAGT VON

seit 1988	Willi Weber
1995 bis '99	Heiner Buchinger (persönlicher Pressesprecher)
seit 1999	Sabine Kehm (Medienberatung)

RENNSTÄLLE/WERKTEAMS

1989–'90	Reynard VW
1990	Mercedes
1991	Jordan Ford
1991–'95	04. 09.–31. 12. Benetton
seit 1996	01. 01. Ferrari

KRANKHEITEN

1991	20. 10. Anbruch eines Rückenwirbels (erst 1997 diagnostiziert) nach Unfall in Suzuka
1993	Nov. Patella-Spitzen-Syndrom, Entzündung durch Verschleiß beider Knie, Operation
1996	Bruch der linken Rippe beim Fußballspielen, Aug. Knieverletzung nach Trainingsunfall in Spa
1999	11. 07. Bruch des rechten Schien- und Wadenbeines, Organspender-Ausweis

FINANZEN (GESCHÄTZT)

Einkommen:	Höchstverdienender Sportler der Welt 1996 (50 Mio. Euro pro Jahr) und 1999 (65 Mio. Euro pro Jahr)
Im Juni 2003	Drei-Jahres-Vertrag über 40 Mio. Euro pro Jahr bei Ferrari
2006	Gesamtvermögen rund 650 Mio. Euro

IMMOBILIEN

2005
- Baubeginn einer 24-Zimmer-Villa mit 2200 qm Wohnfläche in Gland am Genfer See (Schweiz) für ca. 40 Mio. Euro, ca. 60 Hektar Grundstück (mit Tiefgarage für 29 Autos, Tankstelle, Fußballplatz, Hubschrauberlandeplatz)
- Bau eines Reiterhofs für Ehefrau Corinna in Givrins (Schweiz) für 3,5 Mio. Euro
- Ferienhaus Trysil, nordöstlich von Oslo (Norwegen), Wert ca. 2 Mio. Euro
- 1600-qm-Luxushaus (15 Zimmer) in Vufflens-le-Château im Schweizer Kanton Waadt im Wert von 4,7 Mio. Schweizer Franken
- 12-Zimmer-Villa, 540 qm, Wert: ca. 3 Mio. Euro, an der Côte d'Azur in Saint-Paul de Vence

WERBEVERTRÄGE

seit 1996	mit Omega
seit 1997	mit DAVG
2001	25 Mio. DM Werbeeinnahmen, 3,5 Mio. pro Jahr von Spielzeughersteller Mattel, 3 Mio. von Reifenhersteller Bridgestone, 1 Mio. von Telekom Italia, 2,5 Mio. von L'Oreal, 4,8 Mio. DM Deutsche Vermögensberatung
2002	9 Mio. Euro von Fila, 90 Mio. Euro Werbeeinnahmen insgesamt
2003	500 000 Euro mit „Sting“, 1,8 Mio. Euro mit Shell, 300 000 Euro mit OMP, 3 Mio. Euro p. a. mit Fila, 600 000 Euro mit Omega, 3 Mio. Euro mit Vodafone, 2,6 Mio. Euro mit DVAG, 1,4 Mio. Euro mit L'Oreal
seit 2004	10 Mio. Euro mit Puma (befristet bis 2008)
2005	Verlängerung mit DVAG für ca. 12 Mio. Euro bis 2010, Verlängerung mit Omega für ca. 800 000 Euro pro Jahr (Vier-Jahres-Vertrag bis 2010)
seit 2006	Werbung für Mineralwasser Rosbacher (Drei-Jahres-Vertrag)

DELIKTE

1993	Motorradfahren ohne Führerschein, 265 DM Strafe
2002	(15. 05.) Anzeige eines Wiener Anwaltes wegen Verdacht des gewerbsmäßigen Wett-Betrugs (Stallorder Ferrari in Zeltweg)

LEISTUNGEN

insgesamt 250 GP-Rennen, davon 91 Siege (72 mit Ferrari, 19 mit Benetton)

Deutscher Meister:

1987	(Kart)
1988	(Formel König)
1990	(Formel 3)

Weltmeister:

1994, 1995, 2000, 2001, 2002, 2003, 2004

WICHTIGSTE EHRUNGEN:

1992	ADAC-Motorsportler des Jahres 1992
1993	Goldenes Lenkrad (BILD am SONNTAG), Bambi
1994	Sportpreis vom AVD, Goldene 1 (ARD-Sport-Gala)
1995	Goldene Kamera (HÖR ZU), Goldene 1
1997	Silbernes Lorbeerblatt, Goldener Löwe (RTL)
2001	World Sport Award, Ehrenbürger von Modena, Europas Sportler des Jahres, Champion der Champions („L'Equipe“)
2002	Champion of Sports (Unesco), Weltsportler des Jahres, Laureus Sports Awards („Sportsman of the Year“), Europas Sportler des Jahres
2003	Ehrenbotschafter der Republik San Marino, Europas Sportler des Jahres, Champion der Champions („L'Equipe“)
2004	Champion der Champions („L'Equipe“), Europas Sportler des Jahres, Laureus Sports Awards („Sportsman of the Year“), Sportler des Jahres, Sportler des Jahrhunderts (ZDF)
2005	Begehrtester Partygast 2004 (gewählt von „Gala“)

FREIZEITAKTIVITÄTEN

Sammeln:	40 Lederjacken, Fußballschuhe
Sport aktiv:	Skilaufen, Snowboarding, Fußball, Freeclimbing, Tennis, Wasserski, Westernreiten, Fahrradfahren

GEWOHNHEITEN

Essen:	Pasta oder Gnocchi mit scharfen Soßen, va. Penne Arrabiata, Süßigkeiten wie Palatschinken, Schokolade, Pfannkuchen, morgens Frischkörner-Brei
Getränke:	Wein, Bier, Bacardi-Cola
Rauchen:	Zigarren (gelegentlich)
Vorbild:	Wolfgang Schäuble
Autor:	John Grisham
Filme:	Action-Filme
Musik:	Tanzmusik, Schmusemusik
Musiker:	Phil Collins, Michael Jackson, Tina Turner, Whitney Houston
Schauspieler:	Meryl Streep, Jodie Foster
TV:	„Traumhochzeit“, „Wetten, dass..?“

ÄUSSERE ERSCHEINUNG

Kleidung:	Marken Cerruti u. Boss
Kosmetik:	Parfüm von Calvin Klein

VERKEHRSMITTEL

Sein Privatfuhrpark ändert sich öfter:

u. a. Autos:	Lancia Thesis, Ferrari 599, 612 Scagliette, Ferrari 430, Ferrari Enzo
Flugzeug:	Falcon 2000 EX (Wert 28,5 Mio. Euro)
Motorrad:	Harley-Davidson V-Road

HAUS UND HOF

Tiere:	2006 fünf Hunde, Kanarienvögel, Schildkröten, Aquarium, 2 Ponys, 4 Pferde
Aberglaube:	Glücksbringer/Sternenamulett, „magisches Armband“ aus gebürstetem Stahl mit Goldverschluss

AUTOGRAMMADRESSE

c/o Scuderia Ferrari, Via A. Ascari 55–57, 41053 Maranello, Italien oder c/o Weber Management GmbH, Tränkestr. 11, 70597 Stuttgart

15.800 Reifen verschlissen (Rennen und Tests)

252.000 Liter Benzin verfahren

361.500 Kilometer ist er im Formel-1-Auto gefahren (Rennwochenenden und Tests)

Zahlenspielerei

Das andere 1 x 1 seiner Formel 1

46.216 Euro hat er in jeder 8-Stunden-Nacht während seiner Ferrari-Zeit verdient

1.224.897 Sekunden Rennen gefahren

5,6 Jahre von Corinna und Familie wegen Rennen, Tests, Sponsoren getrennt
68.000 reine Rennkilometer bei 250 Grand Prix
0,5 Liter Elektrolyt-Mix-Getränke während des Rennens
49 sein Ruhepuls (normal 72 bei 37-Jährigen)
7,5 Tonnen Nudeln hat er verspeist
110 Millionen Euro Steuern bezahlt

Seine Rennen

Sein letztes von 250 Rennen war eines seiner grandiosesten. Wenn man die 50 Ausfälle in seiner Karriere bedenkt, dann hat er bei 91 Siegen fast jedes zweite Rennen gewonnen! Die ultimative Schumi-Statistik

1991 – JORDAN-FORD 191 – AB ITALIEN BENETTON-FORD B191

		Startplatz	Ergebnis
25. August	GP Belgien	7	Ausfall, Kupplung, 1. Runde
8. September	GP Italien	7	5.
22. September	GP Portugal	10	6.
29. September	GP Spanien	5	6.
20. Oktober	GP Japan	9	Ausfall, Motor, 35. Runde
3. November	GP Australien	6	Ausfall, Unfall, 6. Runde

1992 – BENETTON-FORD B191 – AB SPANIEN BENETTON-FORD B192

1. März	GP Südafrika	6	4.
22. März	GP Mexiko	3	3.
5. April	GP Brasilien	5	3.
3. Mai	GP Spanien	2	2.
17. Mai	GP San Marino	5	Ausfall, Unfallfolgen, 21. Runde
31. Mai	GP Monaco	6	4.
14. Juni	GP Kanada	5	2.
5. Juli	GP Frankreich	5	Ausfall, Unfall, 18. Runde
12. Juli	GP Großbritannien	4	4.
26. Juli	GP Deutschland	6	3.
16. August	GP Ungarn	4	Ausfall, Heckflügel verloren, 64. Runde
30. August	GP Belgien	3	1.
13. September	GP Italien	6	3.
27. September	GP Portugal	5	7.
25. Oktober	GP Japan	5	Ausfall, Getriebe, 14. Runde
8. November	GP Australien	5	2.

1993 – BENETTON-FORD B193A – AB EUROPA BENETTON-FORD B193B

14. März	GP Südafrika	3	Ausfall, Dreher, 40. Runde
28. März	GP Brasilien	4	3.
11. April	GP Europa	3	Ausfall, Dreher, 23. Runde
25. April	GP San Marino	3	2.
9. Mai	GP Spanien	4	3.
23. Mai	GP Monaco	2	Ausfall, aktive Radaufhängung, 33. Runde
13. Juni	GP Kanada	3	2.
4. Juli	GP Frankreich	7	3.
11. Juli	GP Großbritannien	3	2.
25. Juli	GP Deutschland	3	2.
15. August	GP Ungarn	3	Ausfall, Benzindruck, 27. Runde
29. August	GP Belgien	3	2.
12. September	GP Italien	5	Ausfall, Motor, 22. Runde
26. September	GP Portugal	6	1.
24. Oktober	GP Japan	4	Ausfall, Unfall, 11. Runde
7. November	GP Australien	4	Ausfall, Motor, 20. Runde

1994 – BENETTON-FORD B194

27. März	GP Brasilien	2	1.
17. April	GP Pazifik	2	1.
1. Mai	GP San Marino	2	1.
15. Mai	GP Monaco	1	1.
29. Mai	GP Spanien	1	2.
12. Juni	GP Kanada	1	1.
3. Juli	GP Frankreich	3	1.
10. Juli	GP Großbritannien	2	disqualifiziert
31. Juli	GP Deutschland	4	Ausfall, Motor, 21. Runde
14. August	GP Ungarn	1	1.
28. August	GP Belgien	2	disqualifiziert
11. September	GP Italien	gesperrt	
25. September	GP Portugal	gesperrt	
16. Oktober	GP Europa	1	1.
6. November	GP Japan	1	2.
13. November	GP Australien	2	Ausfall, Unfall, 36. Runde

1995 – BENETTON-RENAULT B195

		Startpla
26. März	GP Brasilien	2
9. April	GP Argentinien	3
30. April	GP San Marino	1
14. Mai	GP Spanien	1
28. Mai	GP Monaco	2
11. Juni	GP Kanada	1
2. Juli	GP Frankreich	2
16. Juli	GP Großbritannien	2
30. Juli	GP Deutschland	2
13. August	GP Ungarn	3
27. August	GP Belgien	16
10. September	GP Italien	2
24. September	GP Portugal	3
1. Oktober	GP Europa	3
22. Oktober	GP Pazifik	3
29. Oktober	GP Japan	1
12. November	GP Australien	3

1996 – FERRARI F310

10. März	GP Australien	4
31. März	GP Brasilien	4
7. April	GP Argentinien	2
28. April	GP Europa	3
5. Mai	GP San Marino	1
19. Mai	GP Monaco	1
2. Juni	GP Spanien	3
16. Juni	GP Kanada	3/2
30. Juni	GP Frankreich	1
14. Juli	GP Großbritannien	3
28. Juli	GP Deutschland	3
11. August	GP Ungarn	1
25. August	GP Belgien	3
8. September	GP Italien	3
22. September	GP Portugal	4
13. Oktober	GP Japan	3

1997 – FERRARI F310B

9. März	GP Australien	3
30. März	GP Brasilien	2
13. April	GP Argentinien	4
27. April	GP San Marino	3
11. Mai	GP Monaco	2
25. Mai	GP Spanien	7
15. Juni	GP Kanada	1
29. Juni	GP Frankreich	1
13. Juli	GP Großbritannien	4
27. Juli	GP Deutschland	4
10. August	GP Ungarn	1
24. August	GP Belgien	3
7. September	GP Italien	9
21. September	GP Österreich	9
28. September	GP Luxemburg	5
12. Oktober	GP Japan	2
26. Oktober	GP Europa	2

1998 – FERRARI F300

8. März	GP Australien	3
29. März	GP Brasilien	4
12. April	GP Argentinien	2
26. April	GP San Marino	3
10. Mai	GP Spanien	3
24. Mai	GP Monaco	4
7. Juni	GP Kanada	3
28. Juni	GP Frankreich	2
12. Juli	GP Großbritannien	2
26. Juli	GP Österreich	4
2. August	GP Deutschland	9
16. August	GP Ungarn	3
30. August	GP Belgien	4
13. September	GP Italien	1
27. September	GP Luxemburg	1
1. November	GP Japan	1/2

1993 GP Deutschland

Ergebnis
1.
3.
Ausfall, Unfall, 11. Runde
1.
1.
5.
1.
Ausfall, Unfall, 46. Runde
1.
11.
1.
Ausfall, Unfall, 24. Runde
2.
1.
1.
1.
Ausfall, Hinterradaufhängung, 26. Runde

Ausfall, Bremsen, 33. Runde
3.
Ausfall, Heckflügelbruch, 47. Runde
2.
2.
Ausfall, Unfall, 1. Runde
1.
Ausfall, Antriebswelle, 42. Runde
Nichtstarter, Motorschaden, Formationsrunde
Ausfall, Getriebehydraulik, 4. Runde
4.
9.
1.
1.
3.
2.

2.
5.
Ausfall, Unfall, 1. Runde
2.
1.
4.
1.
1.
Ausfall, Radlager, 39. Runde
2.
4.
1.
6.
6.
Ausfall, Unfallfolgen, 3. Runde
1.
Ausfall, Unfall, 48. Runde

Ausfall, Motor, 6. Runde
3.
1.
2.
3.
10.
1.
1.
1.
3.
5.
1.
Ausfall, Unfall, 26. Runde
1.
2.
Ausfall, Reifen hinten rechts, 32. Runde

1995 GP Deutschland

1996 GP BRASILIEN

1999 – FERRARI F399

		Startplatz	Ergebnis
7. März	GP Australien	3/20*	8.
11. April	GP Brasilien	4	2.
2. Mai	GP San Marino	3	1.
16. Mai	GP Monaco	2	1.
30. Mai	GP Spanien	4	3.
13. Juni	GP Kanada	1	Ausfall, Unfall, 30. Runde
27. Juni	GP Frankreich	6	5.
11. Juli	GP Großbritannien	2	Ausfall, Unfall, 1. Runde
17. Oktober	GP Malaysia	1	2.
31. Oktober	GP Japan	1	2.

2000 – FERRARI F1-2000

12. März	GP Australien	3	1.
26. März	GP Brasilien	3	1.
9. April	GP San Marino	2	1.
23. April	GP Großbritannien	5	3.
7. Mai	GP Spanien	1	5.
21. Mai	GP Europa	2	1.
4. Juni	GP Monaco	1	Ausfall, Hinterradaufhängung, 56. Runde
18. Juni	GP Kanada	1	1.
2. Juli	GP Frankreich	1	Ausfall, Motor, 59. Runde
16. Juli	GP Österreich	4	Ausfall, Unfall, 1. Runde
30. Juli	GP Deutschland	2	Ausfall, Unfall, 1. Runde
13. August	GP Ungarn	1	2.
27. August	GP Belgien	4	2.
10. September	GP Italien	1	1.
24. September	GP USA	1	1.
8. Oktober	GP Japan	1	1.
22. Oktober	GP Malaysia	1	1.

2001 – FERRARI F2001

4. März	GP Australien	1	1.
18. März	GP Malaysia	1	1.
1. April	GP Brasilien	1	2.
15. April	GP San Marino	4	Ausfall, Bremsen 25. Runde
29. April	GP Spanien	1	1.
13. Mai	GP Österreich	1	2.
27. Mai	GP Monaco	2	1.
10. Juni	GP Kanada	1	2.
24. Juni	GP Europa	1	1.
1. Juli	GP Frankreich	2	1.
15. Juli	GP Großbritannien	1	2.
29. Juli	GP Deutschland	4	Ausfall, Benzinpumpe, 24. Runde
19. August	GP Ungarn	1	1.
2. September	GP Belgien	3	1.
16. September	GP Italien	3	4.
30. September	GP USA	1	2.
14. Oktober	GP Japan	1	1.

2002 – FERRARI F2001, AB BRASILIEN FERRARI F2002

3. März	GP Australien	2	1.
17. März	GP Malaysia	1	3.
31. März	GP Brasilien	2	1.
14. April	GP San Marino	1	1.
28. April	GP Spanien	1	1.
12. Mai	GP Österreich	3	1.
26. Mai	GP Monaco	3	2.
9. Juni	GP Kanada	2	1.
23. Juni	GP Europa	3	2.
7. Juli	GP Großbritannien	3	1.
21. Juli	GP Frankreich	2	1.
28. Juli	GP Deutschland	1	1.
18. August	GP Ungarn	2	2.
1. September	GP Belgien	1	1.
15. September	GP Italien	2	2.
29. September	GP USA	1	2.
13. Oktober	GP Japan	1	1.

Alle Startpositionen sind offizielle (auch nach Zeitstrafen, Strafversetzungen etc.), die mit einem Stern (*) versehenen die tatsächlichen (z.B. Abwürgen des Motors in Aufwärmrunde).

2003 – FERRARI F2002, AB SPANIEN F2003-GA

		Startplatz	Ergebnis
9. März	GP Australien	1	4.
23. März	GP Malaysia	3	6.
6. April	GP Brasilien	7	Ausfall, Unfall, 27. Runde
20. April	GP San Marino	1	1.
4. Mai	GP Spanien	1	1.
18. Mai	GP Österreich	1	1.
1. Juni	GP Monaco	5	3.
15. Juni	GP Kanada	3	1.
29. Juni	GP Europa	2	5.
6. Juli	GP Frankreich	3	3.
20. Juli	GP Großbritannien	5	4.
3. August	GP Deutschland	6	7.
24. August	GP Ungarn	8	8.
14. September	GP Italien	1	1.
28. September	GP USA	7	1.
12. Oktober	GP Japan	14	8.

2004 – FERRARI F2004

7. März	GP Australien	1	1.
21. März	GP Malaysia	1	1.
4. April	GP Bahrain	1	1.
25. April	GP San Marino	2	1.
9. Mai	GP Spanien	1	1.
23. Mai	GP Monaco	4	Ausfall, Unfallfolgen, 46. Runde
30. Mai	GP Europa	1	1.
13. Juni	GP Kanada	6	1.
20. Juni	GP USA	2	1.
4. Juli	GP Frankreich	2	1.
11. Juli	GP Großbritannien	4	1.
25. Juli	GP Deutschland	1	1.
15. August	GP Ungarn	1	1.
29. August	GP Belgien	2	2.
12. September	GP Italien	3	2.
26. September	GP China	Boxengasse	12.
10. Oktober	GP Japan	1	1.
24. Oktober	GP Brasilien	18	7.

2005 GP San Marino

2005 GP Monaco

2005 – FERRARI F2004M, AB BAHRAIN FERRARI F2005

		Startplatz	Ergebnis
6. März	GP Australien	19	Ausfall, Unfallfolgen, 43. Runde
20. März	GP Malaysia	13	7.
3. April	GP Bahrain	2	Ausfall, Hydraulik, 13. Runde
24. April	GP San Marino	13	2.
8. Mai	GP Spanien	8	Ausfall, Reifen, 47. Runde
22. Mai	GP Monaco	8	7.
29. Mai	GP Europa	10	5.
12. Juni	GP Kanada	2	2.
19. Juni	GP USA	5	1.
3. Juli	GP Frankreich	3	3.
10. Juli	GP Großbritannien	9	6.
24. Juli	GP Deutschland	5	5.
31. Juli	GP Ungarn	1	2.
21. August	GP Türkei	19	Ausfall, Unfallfolgen/Aufgabe, 33. Runde
4. September	GP Italien	6	10.
11. September	GP Belgien	6	Ausfall, Unfall, 14. Runde
25. September	GP Brasilien	7	4.
9. Oktober	GP Japan	14	7.
16. Oktober	GP China	6/Box*	Ausfall, Dreher, 23. Runde

2005 GP Japan

2006 – FERRARI 248 F1

12. März	GP Bahrain	1	2.
19. März	GP Malaysia	14	6.
2. April	GP Australien	10	Ausfall, Unfall, 33. Runde
23. April	GP San Marino	1	1.
7. Mai	GP Europa	2	1.
14. Mai	GP Spanien	3	2.
28. Mai	GP Monaco	Boxengasse	5.
11. Juni	GP Großbritannien	3	2.
25. Juni	GP Kanada	5	2.
2. Juli	GP USA	1	1.
16. Juli	GP Frankreich	1	1.
30. Juli	GP Deutschland	2	1.
6. August	GP Ungarn	11	8.
27. August	GP Türkei	2	3.
10. September	GP Italien	2	1.
1. Oktober	GP China	6	1.
8. Oktober	GP Japan	2	Ausfall, Motor, 37. Runde
22. Oktober	GP Brasilien	10	4.

Alle Startpositionen sind offizielle (auch nach Zeitstrafen, Strafversetzungen etc.), die mit einem Stern (*) versehenen die tatsächlichen (z.B. Abwürgen des Motors in Aufwärmrunde).

Seine Rekorde

Diese Zahlen beweisen, wie Schumacher die Formel 1 dominiert hat. Nur einer fuhr mehr Rennen

WM-TITEL

1. Michael Schumacher	7
2. Juan-Manuel Fangio	5
3. Alain Prost	4
4. Ayrton Senna	3
Niki Lauda	3
Nelson Piquet	3
Jack Brabham	3
Jackie Stewart	3
9. Alberto Ascari	2
Graham Hill	2
Jim Clark	2
Emerson Fittipaldi	2
Mika Häkkinen	2
Fernando Alonso	2

WM-PUNKTE

1. Michael Schumacher	1369
2. Alain Prost	798,5*
3. Ayrton Senna	614
4. Rubens Barrichello	519
5. David Coulthard	513
6. Nelson Piquet	485,5*
7. Nigel Mansell	482
8. Niki Lauda	420,5*
9. Mika Häkkinen	420
10. Gerhard Berger	385

**Halbe Punkte wurden vergeben, wenn das Rennen vor zwei Drittel der Renndistanz abgebrochen wurde.*

SCHNELLSTE RUNDEN

1. Michael Schumacher	76
2. Alain Prost	41
3. Nigel Mansell	30
4. Jim Clark	28
5. Mika Häkkinen	25
6. Niki Lauda	24
7. Nelson Piquet	23
Juan-Manuel Fangio	23
9. Gerhard Berger	21
10. Ayrton Senna	19
Stirling Moss	19
Kimi Räikkönen	19
Damon Hill	19

FÜHRUNGSKILOMETER

1. Michael Schumacher	24 061
2. Ayrton Senna	13 671
3. Alain Prost	12 485
4. Jim Clark	10 115
5. Nigel Mansell	9634
6. Juan-Manuel Fangio	9317
7. Jackie Stewart	9130
8. Nelson Piquet	7621
9. Mika Häkkinen	7196
10. Niki Lauda	7060

GRAND-PRIX-SIEGE

1. Michael Schumacher	91
2. Alain Prost	51
3. Ayrton Senna	41
4. Nigel Mansell	31
5. Jackie Stewart	27
6. Jim Clark	25
Niki Lauda	25
8. Juan-Manuel Fangio	24
9. Nelson Piquet	23
10. Damon Hill	22

POLE-POSITIONS

1. Michael Schumacher	68
2. Ayrton Senna	65
3. Jim Clark	33
Alain Prost	33
5. Nigel Mansell	32
6. Juan-Manuel Fangio	29
7. Mika Häkkinen	26
8. Nelson Piquet	24
Niki Lauda	24
10. Damon Hill	20

GRAND-PRIX-STARTS

1. Riccardo Patrese	256
2. Michael Schumacher	250
3. Rubens Barrichello	233
4. David Coulthard	211
5. Gerhard Berger	210
6. Andrea de Cesaris	208
7. Nelson Piquet	204
8. Jean Alesi	201
9. Alain Prost	199
10. Michele Alboreto	194

7 Mal – einmalig

Fernando Alonso verteidigte seinen Titel 2006. Aber Michael Schumacher wird in dieser Liste wohl unerreicht bleiben. Sieben Titel – ein Rekord für die Ewigkeit

ALLE WELTMEISTER DER FORMEL 1 VON 1950 BIS 2006

1950	Giuseppe Farina	Italien	Alfa Romeo
1951	Juan Manuel Fangio	Argentinien	Alfa Romeo
1952	Alberto Ascari	Italien	Ferrari
1953	Alberto Ascari	Italien	Ferrari
1954	Juan Manuel Fangio	Argentinien	Mercedes
1955	Juan Manuel Fangio	Argentinien	Mercedes
1956	Juan Manuel Fangio	Argentinien	Lancia/Ferrari
1957	Juan Manuel Fangio	Argentinien	Maserati
1958	Mike Hawthorn	England	Ferrari
1959	Jack Brabham	Australien	Cooper-Climax
1960	Jack Brabham	Australien	Cooper-Climax
1961	Phil Hill	USA	Ferrari
1962	Graham Hill	England	BRM
1963	Jim Clark	Schottland	Lotus-Climax
1964	John Surtees	England	Ferrari
1965	Jim Clark	Schottland	Lotus-Climax
1966	Jack Brabham	Australien	Brabham-Repco
1967	Denis Hulme	Neuseeland	Brabham-Repco
1968	Graham Hill	England	Lotus-Ford
1969	Jackie Stewart	Schottland	Matra-Ford
1970	Jochen Rindt	Österreich	Lotus-Ford
1971	Jackie Stewart	Schottland	Tyrrell-Ford
1972	Emerson Fittipaldi	Brasilien	Lotus-Ford
1973	Jackie Stewart	Schottland	Tyrrell-Ford
1974	Emerson Fittipaldi	Brasilien	McLaren-Ford
1975	Niki Lauda	Österreich	Ferrari
1976	James Hunt	England	McLaren-Ford
1977	Niki Lauda	Österreich	Ferrari
1978	Mario Andretti	USA	Lotus-Ford
1979	Jody Scheckter	Südafrika	Ferrari
1980	Alan Jones	Australien	Williams-Ford
1981	Nelson Piquet	Brasilien	Brabham-Ford
1982	Keke Rosberg	Finnland	Williams-Ford
1983	Nelson Piquet	Brasilien	Brabham-BMW
1984	Niki Lauda	Österreich	McLaren-Porsche
1985	Alain Prost	Frankreich	McLaren-Porsche
1986	Alain Prost	Frankreich	McLaren-Porsche
1987	Nelson Piquet	Brasilien	Williams-Honda
1988	Ayrton Senna	Brasilien	McLaren-Honda
1989	Alain Prost	Frankreich	McLaren-Honda
1990	Ayrton Senna	Brasilien	McLaren-Honda
1991	Ayrton Senna	Brasilien	McLaren-Honda
1992	Nigel Mansell	England	Williams-Renault
1993	Alain Prost	Frankreich	Williams-Renault
1994	Michael Schumacher	Deutschland	Benetton-Ford
1995	Michael Schumacher	Deutschland	Benetton-Renault
1996	Damon Hill	England	Williams-Renault
1997	Jacques Villeneuve	Kanada	Williams-Renault
1998	Mika Häkkinen	Finnland	McLaren-Mercedes
1999	Mika Häkkinen	Finnland	McLaren-Mercedes
2000	Michael Schumacher	Deutschland	Ferrari
2001	Michael Schumacher	Deutschland	Ferrari
2002	Michael Schumacher	Deutschland	Ferrari
2003	Michael Schumacher	Deutschland	Ferrari
2004	Michael Schumacher	Deutschland	Ferrari
2005	Fernando Alonso	Spanien	Renault
2006	Fernando Alonso	Spanien	Renault

DEUTSCHE F-1-FAHRER SEIT 1950: IHRE RENNEN

Michael Schumacher	250
Ralf Schumacher	163
Heinz-Harald Frentzen	157
Nick Heidfeld	115
Jochen Mass	105
Hans-Joachim Stuck	74
Rolf Stommelen	54
Manfred Winkelhock	47
Christian Danner	36
Graf Berghe v. Trips	27
Stefan Bellof	20
Hans Herrmann	18
Nico Rosberg	18
Karl Kling	11
Wolfgang Seidel	10
Bernd Schneider	9
Gerhard Mitter	5
Edgar Barth	5
Kurt Ahrens	4
Timo Glock	4
Paul Pietsch	3
Hans Stuck sr.	3
Hubert Hahne	3
Theo Helfrich	3
Willy Heeks	2
Toni Ulmen	2
Hermann Lang	2
Gunther Bechem	2
Rudolf Krause	2
Ernst Klodwig	2
Helmut Niedermayr	1
Kurt Adolff	1
Josef Peters	1
Ernst Loof	1
Theo Fitzau	1
Erwin Bauer	1
Oswald Karch	1
Hans Heyer	1
Adolf Brudes	1
Fritz Riess	1
Hans Klenk	1

vodafone
vodafone
BRIDGESTONE
AMD

FOTONACHWEIS

Titelfoto: Witters;
Fotos: action press; AP; ATP; A. Beil; bilderberg; Colombo; dpa; Drucker; Getty Images; L. Gorys; Hoch Zwei; imago; Kräling; M. Kreft; LAT; Peta; A. Pohl; Polaris/Studio X; O. Reck; Reuters; Roba-Press; C. Schulte/Auto BILD; U. Sonntag/Auto BILD; Sutton/BK&R; Witters; XPB